STADTFÜHRER MEISSEN

Sehenswürdiges, Wissenswertes, Unterhaltsames

Impressum

Verlag
Edition Lerchl, Meißen

Autor
Dr. Günter Naumann

Gestaltung
Procom & Partner, Meißen

Gesamtherstellung
Meissner Druckhaus, Meißen

ISBN 3-9803364-2-5

Mit freundlicher Unterstützung
der Kreissparkasse Meißen

Dr. Günter Naumann

STADTFÜHRER MEISSEN

MIT STADTPLAN

Sehenswürdiges, Wissenswertes,
Unterhaltsames

EDITION
LERCHL

INHALT

Berichte, Zitate und Anekdoten

Burgberg mit Albrechtsburg und Dom

WILLKOMMEN IM MALERISCHEN MEISSEN, DER STADT DES PORZELLANS UND DES WEINS!

An der Elbe gelegen, harmonisch in die Landschaft eingepaßt, vom Burgberg mit Albrechtsburg und Dom überragt und bekrönt, hat die Meißner Altstadt mit ihren malerischen Gassen und Märkten mittelalterliches Gepräge bis heute bewahrt. Gotik und Renaissance sind die bestimmenden Stilepochen der historisch und städtebaulich bedeutsamen Bauwerke.

Es gibt nur wenige Städte in Deutschland, die so viel gemalt, gezeichnet, gestochen und radiert worden sind wie Meißen. Die Namen bedeutender deutscher Maler, wie Ludwig Richter, Georg Friedrich Kersting, Sascha Schneider, Oskar Zwintscher und Bernhard Manfeld, sind mit Meißen verbunden.

An den klimatisch begünstigten Hängen des Elbtals um Meißen ist seit 1161 der Weinbau urkundlich verbürgt.

In Meißen befinden wir uns auf historischem Boden. Auf dem Meißner Burgberg nahm vor über 1000 Jahren die Geschichte Sachsens ihren Anfang: Hier legte König Heinrich I. 929 ein befestigtes Militärlager an, aus dem die Reichsburg Meißen als Sitz eines Markgrafen hervorging. 968 wurde der Meißner Burgberg noch Bischofsresidenz, und 1089 begannen in der Mark Meißen die Wettiner mit dem Aufbau eines wirtschaftlich und politisch starken Territorialstaates, der sich von der Markgrafschaft Meißen über das Kurfürstentum zum Königreich Sachsen entwickelte.

Im ersten Schloßbau Deutschlands, der Albrechtsburg, richtete August der Starke, Kurfürst von Sachsen und König von Polen, 1710 die erste Porzellan-Manufaktur Europas ein.

Meißen ist die »heimliche Hauptstadt Sachsens«. Am 3. Oktober 1990 wurde im Festsaal der Albrechtsburg der Freistaat Sachsen neu begründet.

Beginnen wir unseren Spaziergang durch Meißen!

Panorama vom Ratsweinberg

VON DER ELBBRÜCKE ZUM HEINRICHSPLATZ

Als Ausgangspunkt für unseren Bummel durch das mittelalterliche Meißen bietet sich die Straßenbrücke über die Elbe an. Die empfehlenswertesten Parkplätze befinden sich dort unmittelbar am Elbufer. Auch der Weg vom Bahnhof zur Altstadt führt über diese Brücke.

Das Bahnhofsgebäude wurde nach Entwürfen von Professor Wilhelm Kreis, dem Architekten des Dresdner Hygienemuseums, 1928 fertiggestellt. Die erst 1933/34 erbaute moderne Straßenbrücke über die Elbe wurde 1945 teilweise gesprengt, aber schon bis 1946 wieder aufgebaut.[1]

Vom **rechtsseitigen Brückenkopf** ❶ [2] aus fesselt uns ein unvergeßliches **Panorama:** Vor uns die Elbe, jenseits des Flusses der Burgberg mit der spätgotischen **Albrechtsburg** ㉛ und dem ebenfalls spätgotischen ehemaligen Bischofsschloß, zu dem der bastionsartig vorspringende runde **Bischofsturm** ㊵ gehört. Der Burgberg wird überragt von den beiden **Westtürmen des gotischen Doms** ㉚ . Links vom Burgberg auf der Höhe der »Freiheit« erkennen wir von rechts nach links das sich durch seinen weißen Außenputz abhebende **Burglehnhaus** ㊹ , die gotische **Afrakirche** ㊿ mit dem unscheinbaren barocken Türmchen und weiter links den langgestreckten neo-klassizistischen Bau der ehemals **»Fürstlichen Landesschule St. Afra«** 51 . Vor uns die mittelalterliche Stadt, deren Häuser sich galerieartig die Hänge hinaufziehen. Die gotische ehemalige **Franziskaner-Klosterkirche** ❻ mit ihrem steilen Satteldach und dem Dachreiter sowie der Turm der **Frauenkirche** ❿ am Markt mit seinem Umgang **(Aussichtspunkt!)** weisen uns den Weg in die Altstadt. Für den Fotografen lohnt sich der Aufstieg zur 18 Meter höher gelegenen **Aussicht auf dem Ratswein-**

Kändlerbrunnen

[1] Die kleingedruckten Texte enthalten vertiefende Informationen.
[2] Die Numerierungen dienen als Orientierungshilfe für den auf den Umschlagseiten befindlichen Stadtplan.

berg ❷, die von hier aus in 5 Minuten über die Weinberggasse erreichbar ist. Wir überqueren die Brücke. Rechts in einer Grünanlage befindet sich der **Kändler-Brunnen** ❸. Er wurde 1960 zum 250jährigen Jubiläum der Staatlichen Porzellan-Manufaktur aufgestellt und besteht aus poliertem, rotem Meißner Granit. Bekrönt wird der Brunnen von einer Figur aus Meissener Porzellan, die einen Kasuar darstellt und von dem zwischen 1731 und 1775 an der Porzellan-Manufaktur wirkenden Modellmeister Johann Joachim Kändler geschaffen wurde.

Wer bei seinem Gang durch Meißen zuerst die Staatliche Porzellan-Manufaktur Meissen GmbH (Talstraße 9) aufsuchen möchte, erreicht diese vom Kändler-Brunnen aus über Gerbergasse – Roßmarkt – Neugasse – Talstraße zu Fuß in 10 bis 15 Minuten (Beschreibung s. S. 55).

Wir folgen vom Kändler-Brunnen aus der Elbstraße stadteinwärts. Von der Fassade des Hauses **Elbstraße Nr. 15** ❹ blicken **zwei groteske Jugendstil-Masken** mit freundlich-lächelndem bzw. resignierendem Gesichtsausdruck auf uns herab. Spötter meinen, die Porträts würden den Bauherrn vor Baubeginn bzw. nach der Vollendung des Hauses darstellen. Nach wenigen Schritten erreichen wir den Heinrichsplatz.

DER HEINRICHSPLATZ

Seinen Namen erhielt der Platz nach dem hier 1863 aufgestellten **Heinrichsbrunnen** ❺, der Nachbildung eines mittelalterlichen Marktbrunnens mit dem **Standbild König Heinrichs I.** (919 – 936), der das Modell einer Burg in seiner Linken hält. Letzteres erinnert daran, daß König Heinrich im Jahre 929 auf dem Meißner Burgberg eine Befestigungsanlage errichtete, aus der sich die Reichsburg Meißen entwickelte. Der Heinrichsplatz gehörte zu den mittelalterlichen Nebenmärkten der Stadt und war zu verschiedenen Zeiten Naschmarkt, Topfmarkt und Fischmarkt. An seine Funktion als Fischmarkt könnten die vier steinernen Becken an den Ausläufen des Heinrichsbrunnens erinnern.

Die in Sandstein gehauene Brunnenanlage entwarf Professor Nicolai. Sie wurde anstelle eines steinernen Wasserkastens errichtet, der an die mittelalterliche Wasserversorgung über Röhrfahrten angeschlossen war. Das Standbild König Heinrichs I. modellierte der Rietschel-Schüler Robert Henze (1827 - 1906). Hauptwerk dieses Bildhauers war das 1880 auf dem Dresdner Altmarkt enthüllte Denkmal zu Ehren der im Kriege 1870/71 Gefallenen, welches nach der Teilzerstörung von 1945 abgetragen wurde. Der Heinrichsbrunnen wurde 1989 durch eine Kopie ersetzt. Im gleichen Jahr erfolgte die Restaurierung der Brunnenfigur.

Links vom Heinrichsbrunnen befindet sich das Langhaus der gotischen **Franziskaner-Klosterkirche** ❻, in der nach abgeschlossener Restaurierung wieder das

Heinrichsplatz

Stadtmuseum untergebracht wird. An einem der Strebepfeiler rechts vom Eingangsportal befinden sich **Wasserstands-Marken bedeutender Elbe-Hochfluten.**

Das Franziskanerkloster wurde um 1258 gegründet. Die heutige gotische Klosterkirche, eine dreischiffige Hallenkirche, weihte man 1457. Die Bauarbeiten kamen jedoch erst um 1500 zum Abschluß. Nach der Reformation (1539) war die Kirche bis 1793 zweite Stadtpfarrkirche sowie Begräbnisstätte vornehmer Meißner Bürgerfamilien. Die Klostergebäude nahmen 1539 die städtische Lateinschule (»Franziskaneum«) auf. 1855 fiel die Klosteranlage bis auf die Klosterkirche einem Schulneubau (Rote Schule) zum Opfer. Die Kirche wurde als Speicher, Manufakturgebäude und Turnhalle genutzt. Ab 1900 brachte man hier die Sammlungen des Vereins für Geschichte der Stadt Meißen unter, die 1934 in das neugegründete Stadtmuseum übernommen wurden. An den Bettelorden der Franziskaner erinnert noch heute das Barfüßergäßchen, welches von der Elbstraße in Richtung Rote Schule abgeht und ursprünglich der einzige Zugang zum Kloster war. Bei der Restaurierung der ehemaligen Klosterkirche entdeckte man in den letzten Jahren mittelalterliche Wandbemalungen, darunter eine überlebensgroße Christophorus-Darstellung.

Rechts vom Heinrichsbrunnen erinnert an der Gaststätte **Elbstraße Nr. 9** (Ecke Elbstraße/Leipziger Straße) eine im Brüstungsbereich des ersten Obergeschosses angebrachte Inschriften-Tafel an die Zerstörung Meißens durch die Schweden im Dreißigjährigen Krieg am 6. Juni 1637.

Erst zwischen 1560 und 1620 waren in Meißen jene Renaissance-Bürgerhäuser mit den schmückenden Portalen, Giebeln und Fenstergewänden in moderner Bauweise (Steinbau, Brandmauern usw.) errichtet worden, welche noch heute den Charakter der Altstadt prägen. Am 6. Juni 1637, dem schwärzesten Tag in der Geschichte Meißens, wurde fast die Hälfte der Häuser durch Brandschatzung zerstört. Erst 1662 begann der generelle Wiederaufbau Meißens, der sich bis nach 1700 hinzog. Die Bauten waren jetzt in der Ausführung sehr viel bescheidener als ihre Vorgänger. Das ist auch am Haus Elbstraße Nr. 9 zu erkennen, welches, wie obengenannter Tafel zu entnehmen ist, bereits 1661 wieder aufgebaut wurde. Meißen erholte sich wirtschaftlich erst wieder ab etwa 1834.

Bevor wir unseren Stadtrundgang in Richtung Markt fortsetzen, statten wir noch dem Theaterplatz und dem Kleinmarkt einen kurzen Besuch ab. Den Theaterplatz erreichen wir über die rechts vom Heinrichsplatz abgehende Leipziger Straße nach etwa fünfzig Metern.

Auf dem Weg dorthin bemerken wir an einem Pfeiler des Durchgangs am Eckhaus gegenüber der Gaststätte Elbstraße Nr. 9 wiederum Wasserstands-Marken von Elbe-Hochfluten.

DER THEATERPLATZ

Vom Theaterplatz aus zeigt sich uns der Burgberg von der Südseite: Rechts der bastionsartig vorspringende Bischofsturm (40), links davon die ehemalige Fronfeste (Gefängnis) und daran nach links anschließend die Domherrenhäuser (34) bis (39); alles überragt von den beiden Westtürmen des Doms und dem etwas kleineren »höckrigen«, ebenfalls zum Dom gehörenden Turm.
Es dominiert das **Stadttheater** (7) in der Mitte des Platzes. An der Ostfront erinnern zwei Wappen an die Bauzeit des Gebäudes und an die Machtverhältnisse in der Stadt im 16. Jahrhundert: Das Meißner Stadtwappen zeigte das kommunale Eigentum an; mit dem darunter befindlichen Großen Wettinischen Herzogswappen wurde der Landesherr als Stadtherr ausgewiesen. Beide Wappen sind mit 1545 datiert.

Man errichtete dieses Gebäude 1545/47 als städtisches Kaufhaus, welches vor allem von der Tuchmacherzunft genutzt und deshalb auch als »Gewandhaus« bezeichnet wurde. Die Tuchmacherzunft war die reichste und einflußreichste Innung in Meißen. Die Meißner Tuche waren um diese Zeit auf dem europäischen Markt nach den Londoner und niederländischen Stoffen die gefragtesten. Das Gewandhaus nutzte man ab 1851 zur Hälfte und ab 1873 vollständig als Stadttheater. 1951/57 wurde das Theater modernisiert. Im Zusammenhang mit diesem Umbau entstand auch der Eingangsvorbau. Meißen hat seit 1963 kein eigenes Theaterensemble mehr.

Am Theaterplatz, der vor dem Bau der Umgehungsstraße (Hochuferstraße) an der Fernverkehrsstraße nach Leipzig lag, bestanden bis in unsere Zeit viele Gasthöfe, die früher als Ausspannen eingerichtet waren. Noch zu erkennen ist der

Theaterplatz

rechter Hand liegende **Gasthof »Goldener Ring«** (Leipziger Str. Nr. 9), in dem 1813 (19./20. April) J. W. v. Goethe übernachtete (Gedenktafel!). Hinter dem Stadttheater befand sich die **»Goldene Sonne«** (Theaterplatz Nr. 14; Renaissance-Portal von 1561). Hier logierte in den 20er Jahren des 19. Jahrhunderts mehrfach der Dichter **De la Motte-Fouqué** (Gedenktafel!).

Am Theaterplatz ist der älteste Siedlungskern im heutigen Stadtgebiet zu suchen. Hier bestand bereits um das Jahr 1000 im Schutze der Burg eine frühstädtische Marktsiedlung als Umschlag- und Handelsplatz überregionaler Bedeutung. Bereits für 983 ist ein Elbhafen urkundlich bezeugt, der im Zusammenhang mit diesem Fernhandelsplatz gestanden haben dürfte. Später fanden hier die drei der Stadt zuerkannten Jahrmärkte statt, weshalb der Platz bis 1851 Jahrmarkt genannt wurde.

DER KLEINMARKT

Zurück zum Heinrichsplatz und von dort am Stadtmuseum vorbei zum Kleinmarkt, der unmittelbar an den Heinrichsplatz anschließt.

Rote Schule

An der Ecke Kleinmarkt/Gerbergasse befindet sich die »**Rote Schule**«, heute Berufsschulzentrum, die uns ihre Giebelfront zuwendet. Die Fassade ist durch rote Klinker-Formsteine wirkungsvoll gestaltet. Ursprünglich war auch noch der Putz mit roten Ornamenten versehen.

Der architektonisch gelungene und ehemals auch funktionell perfekte neo-gotische Schulbau wurde 1855/57 nach Entwürfen des Schinkel-Schülers Carl August Schramm errichtet und war Vorbild für viele Schulneubauten in anderen Städten.

Zwischen der gotischen Franziskaner-Klosterkirche und der neo-gotischen Roten Schule vermittelt architektonisch gekonnt das Gebäude der **Stadtbibliothek**, welches 1929 nach Entwürfen des Architekten der Deutschen Bücherei/ Leipzig, Oscar Pusch, fertiggestellt wurde.

An der Ecke Kleinmarkt/Marktgasse hat sich noch ein Renaissance-Haus erhalten (**Kleinmarkt Nr. 10** mit einem Voluten-Giebel und dem mit 1607 bezeichneten Portal). Aus dieser Zeit stammt ebenfalls das links anschließende Gebäude **Kleinmarkt Nr. 9** (**Gasthaus »Zur Börse«**; der Ausleger über dem Eingang wird als Zeichen der Gastlichkeit gedeutet).

In die später errichteten Häuser **Kleinmarkt Nr. 1 und Nr. 8** wurden die schönen Renaissance-Portale der Vorgängerbauten übernommen (Portale von 1601 bzw. um 1560).

Der Kleinmarkt war einst Nebenmarkt der Stadt und diente lange Zeit als Salzmarkt. Im Mittelalter gehörte der Kleinmarkt mit den umliegenden Gassen zu den ärmsten und verkommensten Teilen der Stadt. Es ist deshalb nicht verwunderlich, daß die Franziskanermönche, welche sich vor allem der Seelsorge der Armen widmeten, unmittelbar am damaligen Salzmarkt ihr Kloster errichteten.

Wir begeben uns zurück zum Heinrichsplatz.

VOM HEINRICHSPLATZ ZUM MARKT

Am Gebäude der **»Dresdner Bank«** an der Ecke Heinrichsplatz/Elbstraße ❽ bemerken wir in den Brüstungsfeldern des Erkers **vergoldete Porträt- und Wappen-Medaillons** (Rundbilder) aus der Zeit der Renaissance. Geschaffen wurden sie 1533 bzw. 1541 von dem Dresdner Bildhauer Christoph Walther I.

Das an dieser Stelle befindliche Renaissance-Haus wurde 1900 abgerissen und durch einen Neo-Renaissance-Bau ersetzt. Dabei kopierte man den Erker und übernahm die Porträt- und Wappen-Medaillons original.
Dargestellt sind in der oberen Reihe von links nach rechts die Herzogin Agnes (Tochter des Landgrafen von Hessen und Gemahlin des albertinischen Herzogs Moritz), Kaiser Karl V., Herzog Georg »der Bärtige« (1500–1539; Albertiner; hier noch ohne Bart, 1534 am Georgenbau des Dresdner Schlosses aber bereits mit Bart dargestellt).
In der unteren Reihe sind von links nach rechts dargestellt das Wappen von Hessen, das Wappen von Polen (Herzog Georgs Gemahlin Barbara war polnischer Abstammung) und zweimal das sächsische Herzogswappen (»Rautenwappen«). Kaiser Karl V. und Herzog Georg sind mit dem Orden vom »Goldenen Vlies« dargestellt.

Wir folgen jetzt der ansteigenden Elbstraße weiter in Richtung Markt. Links am Neo-Renaissance-Haus **Elbstraße Nr. 12** ❾ schmückt ein großflächiges **Jugendstilornament** von 1901 die Fassade. Dargestellt sind u.a. das älteste und das heutige Meißner Stadtwappen. Im ältesten Stadtwappen (links) von 1285 erkennt man die Wappenschilde der ehemaligen Stadtherren, den Löwen (markgräfliches Wappen) und das Andreaskreuz (Wappen des Meißner Burggrafen).

Renaissance-Erker an der Filiale der Dresdner Bank, Heinrichsplatz 7

DER MARKT

Wir erreichen den Markt, das Zentrum der um 1150 angelegten Bürgerstadt. Uns beeindruckt das harmonische Bild dieses Platzes, der wohl von allen sächsischen Marktplätzen am reinsten sein mittelalterliches Aussehen bewahrt hat. Das spätgotische Rathaus und stattliche Renaissance-Bürgerhäuser umschließen den Platz. Die Frauenkirche mit ihrem markanten Turm tangiert den Markt.

Markt
von l. nach r.: Marktapotheke; die Häuser Nr. 5 bis 7; Frauenkirche; Nr. 8; Nr. 9 (Bennohaus); ganz rechts das Rathaus

Betrachten wir zunächst die gotische **Frauenkirche** ⑩ . Im Turm befindet sich seit der Jahrtausendfeier 1929 **das erste spielbare Porzellanglockenspiel der Welt.** Die 37 Glocken wurden aus Meissener Porzellan hergestellt. Schöpfer des Porzellanglockenspiels war Professor Paul Börner, künstlerischer Leiter der Porzellan-Manufaktur. Die Porzellanglocken blieben am Rand unglasiert und konnten so nach dem Brand durch Abschleifen des Randes gestimmt werden.

Das Porzellanglockenspiel ist täglich mit folgenden Choral-Motiven zu hören: 6.30 Uhr »Wachet auf, ruft uns die Stimme«; 8.30 Uhr »Großer Gott, wir loben dich«; 11.30 Uhr »Die Himmel rühmen des Ewigen Ehre« (Beethoven); 14.30 Uhr »Wir treten zum Beten«; 17.30 Uhr »Ein feste Burg ist unser Gott«; 20.30 Uhr wie 11.30 Uhr.

Vom Umgang des Turmes der Frauenkirche (57 m hoch) bietet sich einer der schönsten Ausblicke auf die Stadt, den Burgberg und die Umgebung (s. Abb. auf dem Umschlag).

Der Vorläuferbau der Frauenkirche wird erstmals 1205 als Kapelle St. Marien am Markt urkundlich genannt. Die heutige Frauenkirche, eine gotische Hallenkirche, wurde 1457 geweiht, aber im wesentlichen erst um 1520 fertiggestellt. Eine stilgeschichtliche Besonderheit ist die Überdachung der Seitenschiffe mit einer Reihung von Zwerchhäusern. Insbesondere die Innenausstattung der Kirche wurde in den folgenden Jahrhunderten noch mehrfach verändert. Bemerkenswert ist der gotische Flügelaltar, die Arbeit eines unbekannten Meisters aus der Zeit um 1480/90 mit der Darstellung der Marienkrönung auf dem Mittelschrein und der Grablegung Christi auf der Predella. Seit der Einführung der Reformation im albertinischen Sachsen 1539 ist die Frauenkirche erste Stadtpfarrkirche Meißens.

Der Frauenkirch-Turm dürfte noch der romanischen Zeit angehören und wohl erst nachträglich in die Kirchenanlage einbezogen worden sein. Den achteckigen Turmaufbau mit der Turmuhr sowie

Rathaus

Stadtwappen am Rathaus

Umgang, Türmerwohnung und die welsche Haube mit der Laterne, darin die Sturmglocke, errichtete man zwischen 1548 und 1550. Bis zur Einführung des elektrischen Feuermelders im Jahre 1907 gab es das städtische Amt des Türmers, dem der Feuerwachdienst oblag.

Das spätgotische **Rathaus** ⓫ nimmt fast die gesamte Nordseite des Marktes ein. Trotz seiner Schlichtheit ist es ein monumentales sowie architektonisch wirkungsvolles Gebäude.

Erreicht wird dieser Eindruck durch das hohe steile Dach – einer Traufhöhe von nur 11 m steht eine Giebelhöhe von 18 m gegenüber –, aber auch durch die dem Dach aufgesetzten drei Zwerchhäuser mit ihren blendbogengegliederten gotischen Stufengiebeln. Gotische Portale vervollständigen den Fassaden-Schmuck.

Der neo-barocke Austritt über dem Rathauseingang kam erst 1910 hinzu, das Meißner Stadtwappen darunter bereits 1865.

Mit dem Bau des Rathauses wurde 1472 begonnen. Die Ausführung übernahmen städtische Handwerker. Meißen besaß um diese Zeit nur etwa 2000 Einwohner (heute 34000). Meißen war damals wohlhabender als Dresden. Dieser Reichtum beruhte fast ausschließlich auf der handwerklichen Produktion (u. a. Tuche), aber auch das Bierbrauen war im Zusammenhang mit dem städtischen Privileg der »Biermeile« ein wichtiger Wirtschaftsfaktor. Außerdem besaß die Stadt eigene Güter und Weinberge sowie eine eigene Ziegelei.

Meißner Stadtwappen: Es zeigt im Schild auf goldenem Grund links einen gezinnten roten Turm mit Spitzdach und Knauf (Turm gedeutet als Übernahme der früher am Roten Turm auf dem Burgberg vom Markgrafen ausgeübten Hochgerichtsbarkeit durch die Stadt), rechts daneben einen rotbewehrten schwarzen Löwen mit rotausschlagender Zunge (Wappentier des Markgrafen, des Stadtherren von Meißen). Im Oberwappen ein Stechhelm mit silbern-roter Helmdecke und dem Rumpf eines bärtigen Mannes mit spitzer pfauenfedernbesteckter Mütze (entnommen wahrscheinlich dem markgräflichen Siegel; Bedeutung umstritten).

Drei Seiten des Marktes werden von repräsentativen Renaissance-Bürgerhäusern sowie von Neo-Renaissance-Häusern eingenommen.

Markt-Apotheke

Durch den Rückgriff auf den entsprechenden »Neo-Stil« für die neueren Bauten wurde der architektonische Gesamteindruck gewahrt.
Gegenüber dem Rathaus befindet sich die **Markt-Apotheke**, Markt Nr. 4 ⓬. Dieses Renaissance-Haus mit seinen Voluten-Giebeln und profilierten Fenstergewänden ist eines der schönsten weltlichen Baudenkmale Meißens aus dem 16. Jahrhundert. Erbaut wurde es 1561 von dem Stadtarzt und Apotheker Christoph Leuschner. Der Barock-Erker kam 1717 hinzu. 1988 wurde die durchgreifende Restaurierung des Gebäudes abgeschlossen.

Übersetzung der im Portalbereich der Markt-Apotheke angebrachten lateinischen bzw. griechischen Sprüche: Auf der Renaissance-Relieftafel (Darstellung könnte sich auf die Ikarus-Sage beziehen) das Spruchband »Nicht zu hoch hinaus; nicht zu untertänig« (Ausdruck des bürgerlichen Selbstbewußtseins im Zeitalter der Renaissance). Im Portal-Gebälk der Spruch »Hoffe auf den Herrn und tue Gutes, bleibe im Lande und nähre dich redlich«. In den oberen Zwickeln der Portalrahmung »Nichts von ungefähr, nichts auf gut Glück« (Hippokrates) bzw. »Jede deiner Handlungen sei frei von Nachlässigkeit und Unbesonnenheit« (Cicero).

Rechts an die Markt-Apotheke schließt das Renaissance-Haus **Markt Nr. 5** ⓭ an, ein stattliches Gebäude mit figurenbekröntem, dreigeschossigem Volutengiebel, erbaut 1548 von dem wohlhabenden Bürger und Ratsherrn Thomas Berwalt (Kupfer-Tafel an der Fassade). Charakteristisch für eine Renaissance-Fassade sind auch die hellgrauen Farbtöne sowie der Kontrast zwischen der glatten Ecken-Quaderung und dem Rauhputz der übrigen Flächen. Die Fassaden-Restaurierung wurde 1989 abgeschlossen. Die Kopie eines Renaissance-Portals fehlt noch.
Am Renaissance-Haus **Markt Nr. 9** ⓮, dem sogenannten **Bennohaus**, befindet sich über dem Portal eine Gedenktafel, welche an die **Gründung der ersten freiwilligen Feuerwehr Deutschlands** durch den Seifensiedermeister Friedrich August Kentzsch im Jahre 1841 erinnert. Initiator dieser Gründung war der demokratisch gesinnte Bürgermeister Carl Hugo Tzschucke (1840 - 1849), der ebenfalls zeitweise in diesem Haus wohnte. Tzschucke war 1848 Abgeordneter der Frankfurter Nationalversammlung.

Am Beispiel des Bennohaus-Portals soll der architektonische Aufbau eines Renaissance-Portals näher erläutert werden. Renaissance-Portale dieser und ähnlicher Art finden sich in der Meißner Altstadt sehr häufig. Aus der Beschreibung verschiedener Renaissance-Portale wird der Leser lernen, wie man die Portale der Früh-, Hoch- und Spät-Renaissance voneinander unterscheiden kann.
Das prunkvolle Renaissance-Portal des Bennohauses mit den Sitzpilzen wurde um 1600 erbaut. Typisch für diese Zeit (Spät-Renaissance) sind die über den gekehlten (gehöhlten) Seitengewänden befindlichen kräftig profilierten Muscheln mit den darüberliegenden Kämpfergesimsen, welche den profilierten Rundbogen tragen. Konsolreihung, Eierstab, Zahnschnitt und facettierte Quaderung sind hier die am Rundbogen von außen nach innen verwendeten Profile. Die aus Stuck gefertigten Rosetten, Engelchen und Fratzen in den Feldern des Triglyphen-Frieses sind barocke Zutaten; der

»Bennohaus« am Markt

kartuschenförmige Schlußstein ist schon im Stil des Rokoko überarbeitet. In der Kartusche befindet sich das Abbild einer geflochtenen Basttasche, eines sog. Kobers, der auf den Familiennamen des damaligen Hausherrn, Kober, hinweist. Wir haben hier also ein **»sprechendes Wappen«** vor uns.
In den Zimmern des ersten Obergeschosses wurden Holzbalkendecken mit Renaissance-Malereien aus der Zeit um 1640 freigelegt. Die Eingangshalle weist noch ein spätgotisches Zellengewölbe mit gotischen Wandmalereien auf. Das Haus soll dem legendären Meißner Bischof Benno (im Amt von 1066 bis 1106) gehört haben. Dies ist zwar urkundlich nicht belegt, aber wahrscheinlich. U. a. deuten die Reste romanischer Bauformen (u. a. im Durchgang von der Eingangshalle zum Hof) auf ein hohes Alter des Gebäudes hin; auch wurde das Haus einst aus dem noch heute am Kleinen Hohlweg erhaltenen bischöflichen Waltersbrunnen mit Trinkwasser versorgt.
1637 zerstörten die Schweden das Bennohaus. Es wurde jedoch schon bald danach wieder instand gesetzt.

Das Renaissance-Portal des Neo-Renaissance-Hauses **Markt Nr. 2** ⓯, des sogenannten **Hirschhauses,** wurde vom Renaissance-Vorgängerbau (Gasthaus zum roten Hirsch) übernommen. 1624 war es von dem Meißner Bildhauer Elias Schmidt geschaffen worden. Das Relief in der Portalbekrönung erzählt eine antike Sage: Aktäon »belauscht« die Göttin Diana beim Baden. Die erzürnte Diana verwandelt den Jäger Aktäon in einen Hirsch, der daraufhin von seinen eigenen Jagdhunden zerrissen wird.
Rechts schließt das Renaissance-Haus **Markt Nr. 3** ⓰ an. Daß es um 1550 erbaut wurde, ist an den Profilen der Fenstergewände (hier: Scheibenprofile) erkennbar. Im Korbbogen des Portals ist die Jahreszahl 1703 eingehauen. Die Inschrift (»Napoleon 7.10.1813«) im ovalen Teil des Torbogenschlußsteins erinnert an den letzten **Aufenthalt Napoleons in Meißen am 7. Oktober 1813.**

BISCHOF BENNO

Seine Amtszeit als Bischof von Meißen (1066-1106) fällt in die politisch unruhige Periode des Investiturstreites zwischen Papst und König. Der Gang König Heinrichs IV. (1056-1106) nach Canossa im Jahre 1077 ist noch heute jedem Schüler geläufig. Benno taktierte zwischen den beiden Parteien, stand aber im Grunde auf Seiten des Papstes. 1075 wurde er deshalb von Heinrich IV. in Meißen verhaftet und abgeführt. Dieses Vorgehen wurde von Papst Gregor VII. im Investiturstreit gegen Heinrich IV. politisch ausgenutzt. Übrigens soll die Verhaftung Bennos in seinem Stadt-Haus, dem heutigen »Bennohaus« (Markt Nr. 9), erfolgt sein. Die starke Persönlichkeit des Bischofs und sein Wirken in Meißen über einen Zeitraum von 40 Jahren hatten zur Folge, daß er durch viele Legenden, deren historischer Hintergrund bisweilen nachvollziehbar ist, bis auf unsere Zeit im Volk lebendig blieb. Daß er in Meißen den Weinbau eingeführt hat, dürfte allerdings nicht den Tatsachen entsprechen. – 1523 wurde Benno auf Betreiben des streng-katholischen Herzogs Georg (1500-1539) vom Papst heiliggesprochen. Ziel dieser Heiligsprechung war es, eine Stärkung des katholischen Glaubens zu bewirken und das Vordringen der Reformation einzudämmen. – Während der Reformation wurde das im Meißner Dom befindliche marmorne Grabmal des Bischofs Benno zerstört. Nach einem unverbürgten Bericht warf man seine Gebeine in die Elbe. Nach dem amtlichen Bericht des letzten Meißner Bischofs, Johann IX. v. Haugwitz, gelangte die Reliquie über Stolpen nach Wurzen, wurde 1576 an Herzog Albrecht V. von Bayern verkauft und kam so nach München, wo der Reliquien-Schrein noch heute in der Frauenkirche aufbewahrt wird. Der heilige Benno ist Schutzpatron Münchens.

Eine der vielen Legenden, die sich um Bischof Benno ranken, ist folgende: Als Benno eine Reise nach Rom antrat, übergab er die Kirchenschlüssel an zwei Domherren mit der Aufforderung, die Kirche zu verschließen und die Schlüssel in die Elbe zu werfen, falls der König vom Papst mit dem Bann belegt würde. So geschah es. Als Benno nach Meißen zurückkam, kehrte er als einfacher Pilger in einer Herberge ein, wo ihm als Speise ein Elb-Fisch aufgetragen wurde. Als Bischof Benno den Fisch aufschnitt, fand er darin die Kirchenschlüssel.

Weingaststätte »Vincenz Richter« an der Frauenkirche

Rechts neben der Frauenkirche erweckt schon das romantische Äußere der Altdeutschen **Weingaststätte »Vincenz Richter«** ⓱ unsere Neugier. Museal eingerichtete Gasträume und Meißner Wein sowie die Folterwerkzeuge der ehemaligen Meißner Gerichtsämter, die in einer eigens hergerichteten Folterkammer in den Kellerräumen aufbewahrt und auch vorgeführt werden, sind ihre Attraktionen. Das Gebäude geht auf das Innungshaus der Tuchmacher von 1523 zurück, ist aber im wesentlichen ein Fachwerkbau aus der Zeit nach 1637. Die Seitengebäude an den Frauenstufen erbaute man 1924/25, die Trinkstube im Hof 1967.
Zwischen der Frauenkirche und »Vincenz Richter« öffnet sich der malerische Platz »An der Frauenkirche«, im Mittelalter einziger Stadtfriedhof.
In der Mitte die **Luther-Eiche**, 1830 zur 300-Jahr-Feier der »Augsburger Konfession« gepflanzt. Der **Lutherstein** wurde in Erinnerung an den Thesenanschlag

Tuchmachertor

Ansicht des »Bahrmannschen Brauhauses« vom Turm der Frauenkirche

von 1517 am 31. Oktober 1917 errichtet. Im Hausgrundstück »An der Frauenkirche« Nr. 7 befindet sich eine sehr schöne **Luther-Büste.**

Rechts das letzte, jedoch neu aufgebaute gotische Giebelhaus Meißens **»An der Frauenkirche« Nr.** 9 ⓲ mit einem Spitzbogenportal aus der Zeit um 1500.

Unser Weg führt an der Luther-Eiche vorbei durch das **Tuchmachertor** ⓳. Dieses repräsentative Renaissance-Eingangstor zum ehemaligen Stadtfriedhof stiftete wahrscheinlich um 1600 die wohlhabende Tuchmacherinnung. Das heutige Tuchmachertor stellt eine Kopie von 1957/58 dar, welche unter Leitung des Dresdner Bildhauers Werner Hempel angefertigt wurde. Für die Kopie verwendete man den verwitterungsbeständigen Postaer Sandstein.

Rechts vor uns das **»Bahrmannsche Brauhaus«** ⓴, das schönste Renaissance-Bürgerhaus in Meißen mit figurenbekröntem Volutengiebel und prächtigem Portal. Der Volutengiebel ist durch Gesimse und Wandpfeiler wirkungsvoll gegliedert. Die mit halbkugelförmigen Schilden verzierten Fenstergewände tragen zum harmonischen Gesamteindruck des »Brauhauses« bei. Die Relieftafel der Portalbekrönung zeigt die Darstellung **»Simson im Kampf mit dem Löwen«.** Rechts und links des Portals befindet sich je eine Inschrift. Es handelt sich dabei um sog. **Chronogramme**: Durch Zusammenzählen der rot hervorgehobenen römischen Zahlen, die gleichzeitig Buchstaben darstellen, erhält man das Baujahr des Gebäudes nach dem christlichen bzw. altjüdischen Kalender. Die rechte Inschrift ergibt das Jahr 1573 »seit Christi Geburt«, die linke Inschrift das Jahr 5535 »seit der Erschaffung der Welt«. Das Portal ist allerdings mit 1571 bezeichnet. Erbaut wurde das Haus von dem Handelsherrn, Guts- und Gasthofbesitzer Steffan Pinker wohl zwischen 1569 und 1573. Bis 1897/98 befand sich in den Hintergebäuden eine Brauerei. Das »Brauhaus« ist u. a. noch Sitz des Meißner Fremdenverkehrsamtes.

Links neben dem Bahrmannschen Brauhaus befindet sich der **»Alte Ritter«** (Webergasse Nr. 1), ein ehemaliges Gasthaus mit einem Renaissance-Portal von 1597 und einer ebenfalls noch originalen, am Bogenansatz horizontal zweigeteilten Holztür. Das Portal zeigt die Formen der Hoch-Renaissance, denn der Übergang von den gekehlten Seitengewänden zum Rundbogen wird nur durch eine Muschel vermittelt. Wir kehren zum Markt zurück und folgen jetzt der Burgstraße in Richtung Burgberg.

DIE BURGSTRASSE

Die Türme des Doms immer im Blick, führt dieser Weg an Handwerkerhäusern vorbei, die meist der Renaissance, aber auch dem Barock angehören und zum Teil mit kunstvollen Portalen und profilierten Fenstergewänden verziert sind.

Burgstraße, links das Barock-Portal von Nr. 8 mit dem Athene- Kopf als Schlußstein

Unter Gewänden versteht man die schräg in das Mauerwerk eingeschnittenen Maueröffnungen für Fenster und Portale.

Zur Linken Burgstraße **Nr. 3** ㉑ : Renaissance-Handwerkerhaus aus der Zeit um 1550. Die erst in jüngerer Zeit vergoldeten Scheibenprofile an den Fenstern des 1. Obergeschosses sind am Mittelfenster figürlich ausgebildet (Frauen- bzw. Männerkopf mit modischen Frisuren dieser Zeit; am Fenstersturz ein Engelskopf).

Rechts Burgstraße **Nr. 28** ㉒ : Schlichtes Barock-Haus. Stilmerkmale sind die geschweiften Verdachungen über den Mittelfenstern des 1. Obergeschosses und am Portal. Charakteristisch ist fernerhin der als Minerva-Kopf ausgebildete Schlußstein des Portalbogens. Der Mittelrisalit (Risalit = ein aus der Bauflucht vorspringender Gebäudeteil) ist hier aus Platzgründen zwar nur wenig, aber wirkungsvoll aus der Bauflucht herausgerückt.

Linker Hand Burgstraße **Nr. 8** ㉓ : Im Barock-Stil modernisiertes älteres Handwerkerhaus. Frühbarock sind vor allem die farblich hervorgehobenen Stuck-Ornamente an der Fassade sowie das Portal mit dem Athene-Kopf als Schlußstein des Portalbogens. Im Hof verlaufen Holzgalerien entlang der hufeisenförmig angeordneten Gebäudeteile, ein Charakteristikum Meißner Handwerkerhäuser. Die Raumaufteilung im Erdgeschoß ist auch in diesem Haus fast noch original in der für mittelalterliche Handwerkerhäuser typischen Art erhalten.

Rechts gegenüber Burgstraße **Nr. 27** ㉔ : **Älteste, noch betriebene Zinngießereiwerkstatt Sachsens**, gegründet 1792. Auch hier handelt es sich um ein typisches Handwerkerhaus mit einem schönen Renaissance-Portal aus dem Jahre 1605.

Links Burgstraße **Nr. 9** ㉕ : Früh-Renaissance-Portal von 1536. Charakteristisch für diese Zeit sind die als Scheiben ausgebildeten Übergänge zwischen den gekehlten Seitengewänden und dem Rundbogen. Im Schlußstein die Darstellung eines Krebses (**»Sprechendes Wappen«** mit Bezug auf den einstigen Besitzer, den herzoglichen Weinmeister Kunz Krebs).

Wir haben nur auf die bemerkenswertesten Häuser in der Burgstraße hingewiesen. Der aufmerksame Besucher wird hier wie in der gesamten Altstadt immer wieder schlichte Renaissance-Häuser mit den typischen geschrägten und profilierten Fenstereinfassungen, den Fenstergewänden, erkennen.

Nach wenigen Metern geht nach rechts der Baderberg von der Burgstraße ab. Im Haus **Baderberg Nr. 2** wurde am 26. März 1819 die Schriftstellerin und **Begründerin der bürgerlichen deutschen Frauenbewegung, Louise Otto-Peters,** geboren (Gedenktafel am Haus).
Nach diesem kurzen Abstecher gehen wir wieder zurück zur Burgstraße.

Die Burgstraße mündet am **Café Zieger** auf einen kleinen Platz ㉖. Er markiert eine Kreuzung mittelalterlicher Wege, die wahrscheinlich bereits vor der Stadtgründung bestanden.

Im Café Zieger machen wir die Bekanntschaft mit einer **Meißner Kuriosität**, der **Fummel**, einer mit Luft gefüllten, zerbrechlichen Teigtasche von der Größe eines 2-Pfund-Brotes. Der Legende nach soll sie auf Befehl Augusts des Starken für den sehr weinseligen und deshalb unzuverlässigen reitenden Kurier »erfunden« worden sein, um diesen vom übermäßigen Trinken abzuhalten: Der Kurier hatte vor jedem Botenritt in Meißen eine der zerbrechlichen Fummeln entgegenzunehmen und in Dresden am Hofe unbeschädigt vorzuweisen.

Wenige Schritte von hier entfernt befindet sich am Schloßberg Nr. 2 der **Löthainer Hof** ㉗ , einer der zahlreichen Freihöfe, die sich markmeißnische Landadlige als Zufluchtsstätte für Kriegszeiten und als Ausweichquartier für die Wintermonate errichteten. Über der Rundbogeneinfahrt die Jahreszahl 1524 und das Wappen derer von Heynitz.

Vom Café Zieger sind mehrere Wege zum Burgberg möglich. Der kürzeste Aufstieg führt über die Schloßstufen zur zinnenbewehrten **Schloßbrücke** ㉘ hinauf.

Die Schloßbrücke überspannt den Hohlweg und verbindet den Afraberg mit dem Burgberg. Bei dieser Brücke handelt es sich um eine der ältesten Brücken im osteuropäischen Raum. Sie wurde um 1221/1227 wahrscheinlich von italienischen Bauleuten errichtet. Dafür sprechen die großen Spannweiten der jetzt teilweise zugebauten Brückenbögen, das hufeisenförmige Bogenprofil, die Verwendung von Bossen-Steinen im Sockelbereich u. a. Eine italienische Bauhütte war nachweislich um diese Zeit in Dresden tätig.

DER »DUMME« JUNGE AUS MEISSEN

Auf dem Weg von der Elbbrücke zur Porzellan-Manufaktur kommen wir in der Neugasse am Gasthaus »Bienenkorb« vorbei, wo uns ein an der Fassade aufgemalter Gänsejunge an folgende Meißner Sage erinnert:
Es war einmal ein Junge mit Namen Klaus. Überall, wo es etwas zu sehen gab, war der Junge mit dem buntgeflickten Kittelchen und den dünnen Hosen, durch die der Wind pfiff, dabei. – »Heute soll der Kurfürst nach Meißen kommen«, hatte die geschwätzige Nachbarin der Mutter erzählt. Und wirklich, schon schritten die Ratsherren mit festlichem Kettenschmuck zum Rathaus, und unter Trommelwirbel und Pfeifenklang schwenkten die Stadtknechte durch die Elbgasse zum Brückentor. – Klaus maulte, denn gerade heute mußte er Mutters Gänse hüten. Er überlegte. Schon erschollen Trompeten und ein schwerer Reisewagen rollte über die Brücke. Der Kurfürst konnte nicht mehr weit sein. Da kam ihm der rettende Gedanke: Kurzentschlossen ergriff er die Gänse und zwängte sie mit ihren Hälsen unter seinen Ledergürtel, der sein Höslein zusammenhielt. Klaus drängelte sich durch die wartende Menge bis in die vorderste Reihe. Er kam gerade noch zurecht, um all das Traumhafte zu schauen und dem Kurfürsten zuzujubeln. Sogar die unter den Gürtel geklemmten Gänse rissen die Schnäbel auf und verdrehten verzückt die Augen, aber darauf achtete Klaus nicht. – Als sich die Menge verlaufen hatte und sich die Trompetentöne in der Ferne verloren, erschrak Klaus, als die Gänse schlaff und stumm an seinem Gürtel herunterhingen. Die Umstehenden spotteten über den dummen Jungen, und Klaus ging bangend nach Hause. – Ein paar Jahre danach hat keiner mehr über ihn gelacht: Der Kurfürst holte das pfiffige Kerlchen an seinen Hof und übertrug ihm das Amt des Hofnarren.

Nachdem wir die Höhe der Schloßbrücke erreicht haben, wenden wir uns nach rechts und betreten durch das mittlere Burgtor den Domplatz auf dem Burgberg-Plateau. Das in seiner Grundgestalt gotische **mittlere Burgtor** ㉙ wurde 1874/75 in neogotischer Manier umgebaut und erhielt in diesem Zusammenhang das steile Dach und die Ecktürmchen, wesensfremdes Zierwerk im Sinne französischer Burgengotik. 1890 fügte man in die Blendbogenfelder Mosaikbilder ein, welche den heiligen Georg (links) und einen Schutzpatron des Doms, den Evangelisten Johannes (rechts), darstellen. Die Entwürfe zu den Mosaikbildern, welche an byzantinische Vorbilder erinnern, gehen auf Wilhelm Walther, den Schöpfer des »Fürstenzuges« am Langen Gang des Dresdner Schlosses, zurück. Im mittleren Blendbogenfeld war vor 1945 der Wahlspruch der Wettiner, »Providentiae memor« (»Der Vorsehung eingedenk«), angebracht.
Wir durchschreiten nach dem Passieren des mittleren Burgtores das Gelände des ehemaligen Zwingergrabens. Rechts an der Mauer ein Steinkreuz umstrittener Herkunft und Bedeutung (s. S. 53). Das innere Burgtor, welches wir jetzt erreichen müßten, ist nicht mehr erhalten.

Mittleres Burgtor von der Schloßbrücke aus

DER DOM ㉚

Wir stehen jetzt vor dem Westwerk des gotischen Doms mit seinen beiden 81 m hohen, weithin sichtbaren Türmen, die gleichsam schwerelos himmelan streben. Einen solchen Eindruck hat man in diesem Maße nur bei wenigen gotischen Kirchtürmen. Vermittelt wird er hier durch die »luftige« Skelettbauweise und die besondere Anordnung betont nach oben weisender Zierformen (Fialen, Wimperge usw.). Selbst die schräg nach oben in Richtung der Mittelachse weisenden Turmtreppen dienen dadurch, daß sie voll sichtbar sind, diesem Zweck.

Westwerk des Doms.
von l. nach r.: Albrechtsburg, Dom, Domherrenhäuser

Von den Domtürmen bietet sich ein unvergleichlicher Rundblick. Leider werden die Domtürme erst nach Abschluß der Bauarbeiten wieder öffentlich zugänglich sein.

Dem Westwerk vorgelagert ist die **Fürstenkapelle** (Dreikönigskapelle), seit 1428 Grablege der Wettiner. Im Winkel rechts zwischen Kapelle und Westwerk ein kupfergedeckter Anbau, die Grabkapelle **(Georgskapelle)** für den letzten, 1539 im Dom zu Meißen beigesetzten wettinischen Fürsten, Herzog Georg den Bärtigen. Die Georgskapelle wurde 1521/24 angebaut, das Barock-Dach datiert von 1718.

Der Dom zu Meißen ist einer der stilreinsten Dome Deutschlands. Der Baubeginn ist um 1260 anzusetzen. Schon 1290 fanden im Hohen Chor Gottesdienste statt. 1370 entstand das Westportal, und um 1410 können der Dom und 1428 die Fürstenkapelle als nutzbar angesehen werden. Arnold von Westfalen, der Erbauer der Albrechtsburg, errichtete zwischen 1470 und 1480 das dritte Turmgeschoß. Die Westtürme wurden erst zwischen 1903 und 1908 nach den Entwürfen des Karlsruher Dombaumeisters Carl Schäfer vollendet. Seitdem sind diese Domtürme das **Wahrzeichen Meißens.**

Der Meißner Dom war der letzte gotische Dom, der mit neo-gotischen Ergänzungen vollendet wurde.

GOETHE ÜBER SEINEN BESUCH IM DOM ZU MEISSEN

Johann Wolfgang v. Goethe besichtigte bei seinem Besuch in Meißen am 20. April 1813 auch den Dom. In dem Brief an seine Frau Christiane schreibt er:

»... Der Dom, der auf demselben Platze steht, hat aus mehreren Ursachen äußerlich nichts Anziehendes, innwendig aber ist es das schlankste, schönste aller Gebäude jener Zeit, die ich kenne; durch keine Monumente verdüstert, durch keine Emporkirche verderbt, gelblich angestrichen, durch weiße Glasscheiben erhellt, nur das einzige Mittelfenster des Chors hat sich bunt erhalten. In eben dem Chor waren mir auffallend und neu die aus Stein gehauenen Baldachine über den Sitzen der Domherren. Es sind Capellen und Burgen, die in der Luft schweben, und das Geistliche mit dem Ritterlichen wechselt immer ab. Eine höchst schickliche Verzierung, wenn man bedenkt, daß die Domherrren altritterlichen Geschlechts waren und die Capellen ihren Thürmen verdankten. Ich habe mir gleich eine Zeichnung davon gemacht, die den ganzen Begriff gibt, den man durch Beschreibung niemandem geben kann. ...«

DIE ALBRECHTSBURG ㉛

Die Albrechtsburg gilt als **ältester Schloßbau und bedeutendster spätgotischer Profanbau Deutschlands.** Nach der Elbe zu überwiegt noch das Wehrhafte einer Burg. Nach der Hofseite zu erweist sich jedoch die Albrechtsburg mit ihren breiten, großflächigen und dekorativen Vorhangbogenfenstern sowie den schmückenden Treppentürmen, den Wendelsteinen, als ein wohnliches und repräsentatives Schloß.

Stilgeschichtlich handelt es sich um **Spätgotik**, kenntlich an den gotischen Bau- und Zierformen, wie etwa den Spitzbögen, den Vorhangbögen (typisch für die Spätgotik), den Kreuzblumen, den Fialen, aber auch den fratzenhaft gestalteten Wasserspeiern an den Traufkanten der Dächer. Am deutlichsten erkennt man aber den gotischen Charakter an der Entfaltung der Einzelformen in der Vertikalen, indem etwa die Fensterachsen durch die spitzgiebeligen, von Kreuzblumen bekrönten Dachgaupen nach oben verlängert werden und die säulenartigen Wendelsteine mit ihren spitz zulaufenden Pyramidendächern die Fassade vertikal gliedern. Die Brüstungen der Umgänge des Großen Wendelsteins und die Gesimse gehören als horizontale Fassaden-Gliederungselemente bereits der Formensprache der Renaissance an. Die Reliefplatten an den Brüstungen des Großen Wendelsteins sind Bildhauerarbeiten der Früh-Renaissance (1520 - 1525; von Christoph Walther I).

Die Aufgabe, auf dem räumlich beengten, unebenen Höhengelände unter Verwendung von Teilen der mittelalterlichen Burg ein in bestimmtem Maße wehrhaftes, aber vor allem künstlerisch anspruchsvolles Schloß als prunkvolle fürstliche Wohnstätte zu schaffen, wurde von **Arnold von Westfalen** in bewundernswerter Art und Weise gelöst:

Die für gotische Bauwerke kennzeichnenden Stützpfeiler zur Aufnahme des Gewölbeschubes wurden durch besondere konstruktive Maßnahmen in das Gebäudeinnere verlagert, wodurch die bebaubare Fläche besser ausgenutzt werden konnte. Demgegenüber sind die Stützpfeiler des Großen Wendelsteins zwar noch sichtbar, wurden aber so in den Baukörper einbezogen, daß sie nicht stören. In der Wölbetechnik weist die Albrechtsburg eine weitere konstruktive Besonderheit auf: Man verwendete hier erstmals **Zellen-Gewölbe** mit scharfen Graten und tiefen Zellen, die durch ihre Licht-Schatten-Wirkung die Innenräume auf neue Art beleben. Auch waren die Zellen-Gewölbe im Gegensatz zu den althergebrachten Wölbetechniken für Räume mit unregelmäßigen Grundrissen geeignet. Von der Wölbetechnik her ist fast jeder Raum der Albrechtsburg individuell gestaltet.

Eine damals für Deutschland einzigartige und neue konstruktive Lösung wurde mit der **Treppenkonstruktion des Großen Wendelsteins** verwirklicht: Die sonst

Albrechtsburg (Hofseite)

übliche massive Spindel der Wendeltreppe wird in drei filigrane Sandsteinsäulen aufgelöst, so daß ein offenes Treppenauge im Zentrum der Wendeltreppe entsteht, welches der Treppenkonstruktion jene Eleganz verleiht, wie sie für einen repräsentativen Wohn- und Verwaltungsbau wünschenswert ist. Der Wendelstein mit seinen 113 Stufen ist im Rahmen einer Besichtigung der Albrechtsburg zugänglich.

Die Albrechtsburg wurde für die gemeinsam regierenden Brüder Kurfürst Ernst (1464-1486) und Herzog Albrecht (1464-1500) gebaut und dementsprechend für zwei getrennte Hofhaltungen und eine gemeinsame Landesverwaltung konzipiert. Die Bauarbeiten begannen 1471 nach den Plänen und unter Leitung des sächsischen Oberlandbaumeisters Arnold von Westfalen, zogen sich aber mit einer größeren Unterbrechung (etwa von 1498 bis 1520) bis 1525 hin. Baumeister waren nach dem Tode Arnolds von Westfalen Konrad Pflüger (ab 1482) und Jacob Heilmann von Schweinfurth (1520-1525). Die Albrechtsburg war niemals Residenz, denn Herzog Georg verlegte diese unmittelbar nach seinem Regierungsantritt 1500 nach Dresden.

Die erste durchgängige Restaurierung erfolgte nach den Zerstörungen des Dreißigjährigen Krieges. Nach Abschluß dieser Baumaßnahmen erhielt das Schloß auf Veranlassung des Kurfürsten Johann Georg II. 1676 den Namen Albrechtsburg.

1710 brachte August der Starke (1694-1733), Kurfürst von Sachsen und König von Polen, aus Sicherheitsgründen **in den Räumen der ungenutzten Albrechtsburg die erste Porzellan-Manufaktur Europas** unter, die bis 1863/65 hier verblieb. Nur diesem Umstand ist es zu verdanken, daß der Baukörper trotz eines schweren Brandes (1773) nahezu stilrein die Jahrhunderte überdauerte. Von 1863 bis 1865 erfolgte die Verlegung der Manufaktur in die neuen Produktionsstätten im Triebischtal. Bis 1870 setzte Oberlandbaumeister Hähnel die Albrechtsburg wieder instand, und von 1873-1881 wurde sie unter Leitung von Dr. Wilhelm Roßmann durch elf Maler der Dresdner Kunstakademie in der Manier der Dresdner Historienmalerei des 19. Jahrhundert, die an Carolsfeld, Schwind und Cornelius anknüpfte, ausgestaltet und im historisierenden Stil eingerichtet. In 25 großformatigen Wandgemälden wird die Geschichte des Hauses Wettin, insbesondere aber der Lebensweg des Herzogs Albrecht dargestellt. Diese Wandgemälde sind heute bereits selbst wieder unverzichtbare Museumsstücke, weil viele Werke dieser Maler durch Kriegseinwirkung verlorengegangen sind. Die Eröffnung der restaurierten Albrechtsburg als Erinnerungsstätte der wettinischen Geschichte erfolgte am 4. September 1881 zum 50. Jahrestag

der Sächsischen Verfassung. Seitdem wurde und wird laufend an der Instandhaltung der Albrechtsburg gearbeitet.
Die Albrechtsburg ist in erster Linie Architekturmuseum und wird nur gelegentlich für festliche Veranstaltungen und für Ausstellungen genutzt.

Am 3. Oktober 1990 wurde im Festsaal der Albrechtsburg der Freistaat Sachsen neu begründet.

DAS KORNHAUS ㉜

Auf der linken, der nördlichen Seite des Domplatzes, befindet sich das sog. Kornhaus, ein um 1470 im gotischen Stil errichtetes Wirtschafts- und Lagergebäude mit Stallungen im Erdgeschoß. 1897 wurde es zum Wohnhaus für kgl. Beamte umgebaut und wird jetzt ebenfalls noch für Wohnzwecke genutzt.

Ein offener galerieartiger Zwischenbau ㉝, ebenfalls aus der Zeit um 1890, verbindet das Kornhaus mit der Albrechtsburg. An dieser Stelle befand sich zu der Zeit, als in der Albrechtsburg die Porzellan-Manufaktur untergebracht war, das Brennhaus. Dadurch, daß die Brennöfen aus Feuerschutzgründen außerhalb der Albrechtsburg errichtet wurden, waren zur Aufnahme des Manufakturbetriebes in der Albrechtsburg nur verhältnismäßig geringfügige Umbauten erforderlich.

DIE DOMHERRENHÄUSER ㉞ bis ㊴

Auf der rechten, der südlichen Seite des Domplatzes, befinden sich die Domherrenhäuser.
Nachdem die Domherren ihre klösterliche Lebensweise aufgegeben hatten, siedelten sich die wohlhabenderen unter ihnen auf der »Freiheit«, aber auch auf dem Domplatz selbst an. Diese Häuser bzw. ihre Nachfolgebauten an der Südseite des Domplatzes werden noch heute als Domherrenhäuser bezeichnet.

Im Haus Domplatz **Nr. 10** ㉞, einem Neubau von 1744, wohnte von 1818 bis 1847 **Georg Friedrich Kersting**, der Maler der deutschen Romantik und des Biedermeier, seit 1818 Malereivorsteher an der Porzellan-Manufaktur (Gedenktafel am Haus). Während des Siebenjährigen Krieges (1756-1763) logierte der preußische König, Friedrich II. der Große, mehrfach in diesem Haus. Hier fanden 1762 auch die Vorgespräche zum Hubertusburger Frieden von 1763 statt.

Domplatz **Nr. 9** ㉟ beherbergt die älteste, seit dem 15. Jahrhundert betriebene Gaststätte Meißens, den heutigen **»Domkeller«**. Hier wohnte früher der Küster des Doms, der das Privileg des Bierschanks hatte, welches auch für auswärtige Biere galt.

Die ehemalige Domschule (Scholasterei), Domplatz **Nr. 8** ㊱, wurde 1740 vom Modellmeister der Porzellan-Manufaktur, **Johann Joachim Kändler**, erworben. Er baute sie 1745 um und bewohnte das Haus bis zu seinem Tode 1775 (Gedenktafel am Haus). Ein noch vorhandener Treppenanlauf im Erdgeschoß soll von seiner Hand stammen.

Hochstift

Die ehemalige Propstei Domplatz **Nr. 7** ㊲ , jetzt Sitz des **Hochstifts Meißen,** ist ein Meisterwerk spätgotischer Architektur. Erbaut wurde das Gebäude 1497/1507 unter Propst Melchior von Meckau, später Bischof von Brixen und Kardinal in Italien. Bemerkenswert sind das Portal und die Einfahrt zu dem reizvollen Innenhof, der durch einen von kräftigen Konsolen getragenen Umgang sein Gepräge erhält. Einfahrt und Portal sind eingefaßt von Nischen mit Sitzpilzen, deren Baldachine aus spätgotischem Stabwerk gebildet werden. Die Spitzbögen weisen typisch spätgotische Profil-Überschneidungen auf. Über dem Portal zwei Tafeln, welche sich auf den Bauherrn beziehen (Familienwappen, Titel, Wappen seiner geistlichen Fürstentümer). Die schlichten Vorhangbogenfenster weisen ebenfalls auf die Spätgotik hin.

Domplatz **Nr. 6** ㊳ , ein Neubau von 1726/28, ist verziert mit den Wappen der zur Bauzeit amtierenden Domherren sowie mit dem **Meißner Bischofswappen** (Bildnis des Bischofs Donatus und eines Adlers, des Sinnbilds des zweiten Dompatrons, des Evangelisten Johannes).

Domplatz **Nr. 5** ㊴ , das ehemalige Wohnhaus des Dechanten, des dritthöchsten geistlichen Würdenträgers nach dem Bischof und dem Propst. Es wurde 1526 erbaut. Über dem spätgotischen Portal ein Standbild des Evangelisten Johannes, darüber ein Baldachin in den Formen der Früh-Renaissance.

Das Gebäude der ehemaligen **Amtsfronfeste** (Gefängnis) Domplatz **Nr. 4**, zur Zeit Depot des Meißner Stadtmuseums, stellt die Verbindung zum ehemaligen Bischofsschloß, jetzt Amtsgericht Domplatz Nr. 3, her.

DAS EHEMALIGE BISCHOFSSCHLOSS

Durch den Torbau zwischen Dom und ehemaliger Amtsfronfeste gelangen wir auf den Hof des ehemaligen Bischofsschlosses und jetzigen Amtsgerichtes.

Das spätgotische Bischofsschloß wurde zwischen 1476 und 1518 erbaut. Über dem Eingangs-Portal das Wappen des Bischofs Johann von Weißenbach (1476-1487). An der Spitzbogen-Pforte links des Eingangs-Portals beginnen die **Gerichtsstufen,** über die man auf kürzestem Wege zur Stadt absteigen kann. Zum Bischofsschloß gehört der markante, aus dem Komplex der Burgbergbebauung vorspringende **Bischofsturm** ㊵ , auch »Liebenstein« genannt, den wir schon von der Elbbrücke und vom Theaterplatz aus gesehen haben. Seine

Bedachung in Form einer welschen Haube wurde um 1722 aufgesetzt. Nachdem im ehemaligen Bischofsschloß bereits seit 1856 Gerichte untergebracht waren, erfolgte 1911 eine durchgreifende Umgestaltung des Gebäudes für diesen Verwendungszweck.

Von der **Aussichtsplattform** ❹❶ vor dem Bischofsschloß bietet sich ein herrlicher Ausblick in Richtung Elbe:
Jenseits der Elbe erkennt man von links nach rechts: den Aussichtsfelsen **»Bennokanzel«**; die **Weinbauterrassen am »Katzensprung«**, eine der besten Weinlagen Meißens; den **Crassoberg** mit den roten Klinker-Bauten des Stadtkrankenhauses von 1891 und einem Weinberg mit Renaissance-Weinberghaus von 1588; den Ratsweinberg mit zwei markanten Schulbauten, dem **Gymnasium »Franziskaneum«** (Jugendstilbau von 1905/07 mit dem weithin sichtbaren Turmaufbau) und der zum Gymnasium gehörenden »Weinbergschule«. Ganz rechts das **Weinbaugebiet Spaargebirge.** Über das Gymnasium hinweg sehen wir die weite Ebene der »Nassau«, das Urstromtal der Elbe, und im Hintergrund schließt sich die bewaldete Geländestufe der Lausitzer Platte mit der vorgelagerten lockeren Ortsbebauung von Weinböhla an.
Unter uns die gotische **Jakobskapelle** mit dem schlanken Dachreiter, jetzt Eingangsvorbau des Altersheims des Diakonischen Werkes, Leipziger Straße Nr. 30. Die Grundmauern der Kapelle sind wesentlich älter. Wahrscheinlich handelt es sich hier um den ältesten Kirchenbau Meißens außerhalb der Burg. Die Kapelle gehörte zur heute nicht mehr existierenden Unterburg, auch Wasserburg genannt, von der aus im Mittelalter der Schiffsverkehr auf der Elbe und die Furt durch die Elbe überwacht wurden. Ursprünglich diente diese Befestigung am Fuße des Burgberges vor allem auch der Sicherung des früher einzigen Zuganges zum Burgberg-Plateau durch ein heute nicht mehr vorhandenes Ost-Tor.

Bevor wir den Rückweg zur Stadt antreten, lohnt sich noch ein Rundblick von der **Terrasse der Gaststätte »Burgkeller«** ❹❷.

Nachdem wir durch das mittlere Burgtor ❷❾ den Domplatz verlassen haben, führt unser Rundgang über die Schloßbrücke ❷❽ zur »Freiheit« (Afraberg) und von dort zurück zum Markt.

DIE »FREIHEIT«

Die Bezeichnung »Freiheit« für den Afraberg geht auf die einstige Unabhängigkeit ihrer Bewohner von der Stadt zurück. Sie besaßen eine eigene Gerichtsbarkeit und waren gegenüber der Stadt frei von jeglichen Abgaben und Diensten, durften jedoch kein bürgerliches Gewerbe ausüben. Erst 1847 wurde diese Sonderstellung aufgehoben. Auf der Freiheit befanden sich von Anbeginn die Domherrenhöfe und die Freihöfe der Landadeligen.

Blick vom Frauenkirchturm auf die »Freiheit«, links im Hintergrund der langgestreckte Ostflügel der »Fürstenschule«, rechts daneben die Afra-Kirche

Wir haben die Schloßbrücke überschritten und befinden uns jetzt auf dem Afraberg.

Vor dem vorderen Burgtor befindet sich das weiträumige **Burglehnhaus**, »Freiheit« Nr. 2 (44) mit einem Renaissance-Portal aus der Zeit um 1550 und einer

Vorderes Burgtor mit Burglehnhaus

noch originalen, am Bogenansatz horizontal zweigeteilten Tür. Das Schleinitzsche Wappen (drei Rosen) über dem Portal weist auf Wolfgang von Schleinitz, einen der ehemaligen Besitzer, hin, dessen ungewöhnliches Grabmal mit der Darstellung des Verstorbenen im halbverwesten Zustand in der Schleinitzkapelle der Afra-Kirche aufgestellt ist. Das Burglehnhaus ist eines der größten Anwesen in der Meißener Altstadt und erhebt sich mit seinen sechs Stockwerken vom Hohlweg aus bis über die Schloßbrücke. Eine Inschriftentafel erinnert an den **Maler der Romantik Adrian Ludwig Richter** (1803 - 1884), der während seiner Tätigkeit als Zeichenlehrer an der Porzellan-Manufaktur von 1828 bis 1835 hier wohnte. Das Steinkreuz vor dem Burglehnhaus könnte auf die hier vom Burggrafen abgehaltenen Gerichte hinweisen.
Von hier aus bietet sich nach links wieder ein romantischer **Ausblick** ㊸ über die »Dachlandschaft« der mittelalterlichen Altstadt sowie zurück zum Burgberg.

Wir durchschreiten das **vordere Burgtor** ㊺, Teil der Wehranlage der Burg. Die Kettenschlitze und die Falze im Mauerwerk für die Zugbrücke sowie die Reste des Wehrgrabens beiderseits vor dem Tor erinnern noch an den einstigen Verteidigungszweck. Die Tordurchfahrt zeigt ein gotisches Kreuzrippengewölbe. Im 16. Jahrhundert verzierte man den gotischen Torbau mit Renaissance-Volutengiebeln und verband ihn mit dem benachbarten Burglehnhaus.
Rechts vor uns befindet sich das Renaissance-Eingangstor von 1616 zum **Jahnaischen Freihof,** »Freiheit« Nr. 1 ㊻. Durch das vergitterte Türfenster er-

»Löwen-Portal« am Jahnaischen Freihof

blicken wir am Treppenturm des Gebäudes ein weiteres Renaissance-Portal von 1610, das sog. **Löwen-Portal, das schönste Portal Meißens.** An der noch originalen Holztür die Jahreszahl 1609. Dieses Portal weist mit den beiden fast vollplastischen Löwen im stark gekehlten Rundbogen, die einen kartuschenartigen wappengeschmückten Schlußstein stützen, den figural verzierten Sitzpilzen und

Blick von den Roten Stufen zum Burgberg, von l. nach r.: Burglehnhaus, vorderes Burgtor, Westtürme des Doms, »Höckriger Turm«, Hochstift, im Verlauf der Roten Stufen gotischer Stufengiebel des Hauses Rote Stufen Nr. 3

weiteren Schmuckformen auf die Formenwelt des Manierismus am Übergang von der Renaissance zum Barock hin. Beide Portale sind Kopien von 1965/67.

Nach wenigen Metern gehen links die Roten Stufen ab, welche zum Café Zieger und damit zur Burgstraße führen. Wir wenden uns noch einmal zum Burgberg um. Von hier aus bietet sich uns eine der malerischsten Ansichten des Burgberges. Weiterhin bemerken wir an den Roten Stufen den Stufengiebel eines gotischen Hauses (Rote Stufen Nr. 3; erbaut 1510).

Wir folgen nicht den Roten Stufen, sondern bleiben auf der Höhe des Afraberges. Nach wenigen Schritten erreichen wir am Giebel der Afrakirche die Gasse »Freiheit« und wenden uns nach links. Nach etwa fünfzig Metern stehen wir vor dem Gebäudekomplex der ehemaligen fürstlichen Landesschule St. Afra, die seit der Mitte des 19. Jh. als **Fürstenschule** 51 bezeichnet wird. Der neoklassizistische Gebäudekomplex wurde 1877/79 als Dreiflügelanlage erbaut.

Die Fürstenschule wurde 1543 als erste deutsche Landesschule durch Herzog Moritz von Sachsen (1541 - 1553) gegründet und in den Gebäuden des 1539 säkularisierten (zugunsten des Landesherren enteigneten) Augustiner-Chorherrenstiftes St. Afra untergebracht.

Südflügel der ehemaligen Fürstenschule vom Seelensteig aus

»Ökonomiehof«, links das Propsteigebäude des ehem. Augustiner-Chorherrenstifts St. Afra

An der »Fürstenschule« wurden seit ihrer Gründung begabte Schüler aus allen Gesellschaftsschichten – wenn mittellos, dann auf Staatskosten – im Geiste des evangelischen Glaubens und des Humanismus ausgebildet und auf den Universitätsbesuch vorbereitet. Nachmals berühmte Schüler der Meißner Fürstenschule waren z.B. die Dichter Gellert (1729 - 1733) und Lessing (1741 -1746) sowie der Arzt und Begründer der Homöopathie Hahnemann (1770 -1774).

Die humanistische Bildungstradition der Fürstenschule riß 1942 mit ihrer Umprofilierung zur »Deutschen Heimschule Meißen« ab. 1945 wurde sie geschlossen. Von 1953 bis 1991 war hier die »Hochschule für Landwirtschaftliche Produktionsgenossenschaften« untergebracht. Seit 1992 ist die Tradition der Fürstenschule durch das St.-Afra-Gymnasium wieder aufgenommen worden.

Vom Schulhof des St.-Afra-Gymnasiums ist der Wirtschaftshof (»Ökonomiehof«) des ehemaligen Augustiner-Chorherrenstiftes St. Afra zugänglich. In die Gebäude des Ökonomiehofes ist 1992 die Ev. Akademie der Ev.-Luth. Landeskirche Sachsens eingezogen.
Im **Ökonomiehof** dominiert links das gotische, später im Barockstil umgestaltete ehemalige **Propsteigebäude** ❹❼. Der barocke Erker zeigt ohrmuschelartige Stuckverzierungen, wie sie für die Zeit um 1660/70 charakteristisch sind. Über dem unteren Erkerfenster sind die Kurschwerter, das sächsische Rautenwappen und der Kur-Hut angebracht, über dem oberen Fenster befindet sich eine mit 1671 bezeichnete Kartusche.

Aus der Klosterzeit erhalten hat sich ebenfalls noch der an die Afrakirche angebaute gotische **Kreuzgang** ❹❽, welcher 1983/85 unter denkmalpflegerischen Gesichtspunkten zur **Gaststätte »Monasterium«** umgebaut wurde. In dieser vom Hof des Gymnasiums aus zugänglichen Gaststätte befindet sich eine weitere Sehenswürdigkeit, die **Grabplatte** von vier im Jahre 1407 hingerichteten Zwickauer Ratsherren, welche bis 1983 unter dem Fußboden des Kreuzgangs verborgen war. Die Grabplatte der Abmessung 2 m x 2 m ist mit der bildhaften Darstellung der Ratsherren **in ihrer Art einmalig im mitteleuropäischen Raum.** Außerdem stellt diese Grabplatte den ältesten Beleg für das Zwickauer Stadtwappen (drei Schwäne) dar (s. S. 53).

Die Westseite des Ökonomiehofes wird von einem vollständig erhaltenen Teil der mittelalterlichen **Stadtmauer mit einem Verteidigungsturm** ❹❾, dem sog. Pönitenzturm, begrenzt.
Wir begeben uns zurück zur »Freiheit« und erreichen von dort über den Friedhof die unmittelbar an das St.-Afra-Gymnasium anschließende Afrakirche.

Die **Afra-Kirche** ❺⓿ war einst die Klosterkirche des 1205 gegründeten Augustiner-Chorherrenstifts St. Afra.

Grabplatte aus dem ehemaligen Kreuzgang der Afrakirche mit der Darstellung von vier Zwickauer Ratsherren

Um diese Zeit kam die Verehrung der hl. Afra auf. Sie war ursprünglich eine Prostituierte. Nach ihrer Bekehrung durch Bischof Narzissus erlitt sie 303 oder 304 auf dem Lechfeld den Märtyrertod durch das Feuer und wurde 1064 heiliggesprochen. Noch heute ist die hl. Afra Schutzpatronin der Diözese Augsburg. Daß die Verehrung der hl. Afra in Meißen Eingang fand, dürfte darauf beruhen, daß um 1200 viele Kolonisten aus dem süddeutschen Raum in der Markgrafschaft Meißen seßhaft wurden.

Die heutige gotische Afra-Kirche gehört dem 13. bis 15. Jahrhundert an. Der Barock-Turm kam 1766 hinzu. Wir gehen über den Afra-Friedhof und erreichen das frühbarocke Portal mit dem Großen Sächsischen Kurwappen von 1670/80, durchschreiten die mit einem reichen Netzgewölbe überspannte spätgotische Vorhalle und gelangen durch das schlichte frühgotische Hauptportal in die Kirche. Beeindruckend ist bei sonnigem Wetter um die Mittagszeit die stimmungsvoll-warme spätgotische Farbgebung, die nach Farbbefunden wiederher-

Afra-Kirche

gestellt wurde: Bolusrot angelegte Pfeiler, Bögen und Rippen aus weiß verfugten Backsteinen heben sich vom Weiß der Wände plastisch ab; um die Gewölbeschlußsteine aufgemalte Rosetten beleben das Gewölbe. Die Verbindungstür zwischen Chor und Sakristei gehört noch der spätromanischen Bauphase an. Die bemalte und wahrscheinlich von dem Bildschnitzer Valentin Otte gefer-

Renaissance-Fachwerkerker, »Freiheit« Nr. 6

tigte frühbarocke Kanzel von 1657 wird von einem Kanzelauflager getragen, welches einen den Jonas ausspeienden Wal darstellt, wobei letzteres wahrscheinlich hundert Jahre später von Johann Joachim Kändler, dem gelernten Holzbildhauer und berühmten Modellmeister an der Porzellan-Manufaktur, hinzugefügt wurde. Valentin Otte und der Maler Johann Richter schufen um 1660 den aus Holz gefertigten frühbarocken Altar mit der Darstellung des Schmerzensmannes. Eine **besondere Sehenswürdigkeit für kunstgeschichtlich interessierte Besucher** ist die 1408 an die Afrakirche angebaute **Schleinitz-Kapelle**, die Grabkapelle des bedeutenden meißnischen Adelsgeschlechts derer von Schleinitz. An den hier aufgestellten Grabdenkmälern – Grabplatten und Epitaphen mit bildhaften Darstellungen hohen künstlerischen Ranges – kann die Entwicklung der Grabdenkmalskunst in Sachsen von der Gotik über die Renaissance bis zum Barock in fast lückenloser Abfolge (1422-1654) studiert werden. Gleichzeitig erschließt sich uns hier eine bedeutende Periode sächsischer Geschichte, denn die Schleinitze haben als Räte, Hofmeister, Marschälle und Obermarschälle der sächsischen Herzöge und Kurfürsten die sächsische Geschichte aktiv mitgestaltet.

Gegenüber dem St.-Afra-Gymnasium befindet sich das **Pfarrhaus St.Afra** ❺❷, »Freiheit« Nr. 7, mit einem fein gegliederten Renaissance-Erker, dessen Original aus dem Jahre 1535 durch eine Kopie ersetzt worden ist. In den Brüstungsfeldern die Rundbilder der Apostel Petrus und Paulus. Die Erdgeschoßzone der Afra-Pfarre mit ihren schießschartenartigen Fenstern sowie den Strebepfeilern weist auf ein hohes Alter des Gebäudes hin. Bauarchäologische Untersuchungen lassen vermuten, daß dieses Bauwerk aus einem turmartigen, befestigten Haus hervorgegangen ist. Solche festen Häuser sind auch an vielen anderen Stellen auf der »Freiheit« und im Stadtgebiet nachweisbar und wurden noch vor der Stadtgründung von Ministerialen errichtet, die zur Besatzung der Burg gehörten, aber komfortabler wohnen wollten, als dies auf der Burg möglich war. Der neben der Afra-Pfarre gelegene ehemalige Domherrenhof **»Freiheit« Nr. 6** weist als besonderen Schmuck einen von der Stadtseite aus weithin sichtbaren achteckigen **Fachwerk-Erker** ❺❸ aus dem 16. Jahrhundert mit einem wachturmartigen älteren Unterbau auf. Der Erker ist ein beliebtes Malermotiv und eines der Wahrzeichen Meißens.

Wir folgen jetzt der Gasse »Freiheit« entlang der Umfassungsmauer des Gymnasiums in südlicher Richtung.

In der Mauer, welche das Grundstück **»Freiheit« Nr. 11** ❺❹ nach der Straße zu abschließt, befindet sich eine gotische Spitzbogen-Pforte. Über der Pforte die Jahreszahl 1485, die älteste Datierung eines Tores in Meißen.

Blick vom Seelensteig auf den Turm der Frauenkirche und die Stadt, rechts neben dem Turm die ehemalige Franziskanerklosterkirche mit dem steilen Satteldach und dem markanten schiefergedeckten Dachreiter.

Ab dem »Domherrenhof« Freiheit Nr. 10 folgen wir nach links dem Seelensteig. In der Stützmauer des Seelensteiges bemerken wir einen barocken **Monogrammstein** 55 aus der Zeit um 1700 mit den in sich verschlungenen Buchstaben A, B, C, E. Phantasiebegabte können aber das ganze Alphabet darin erkennen, besonders für Kinder ein beliebtes Ratespiel.

Vom Seelensteig führen nach links die Superintendenturstufen hinunter zur Frauenkirche. Von dort erreichen wir auf bekanntem Weg den Markt.

Wer den Stadtrundgang vom Burgberg an abkürzen möchte, kann über die Gerichtsstufen in wenigen Minuten den Theaterplatz erreichen. Allerdings sind die Gerichtsstufen nur wochentags zu den Öffnungszeiten des Amtsgerichts vom Hof des Gerichts aus zugänglich. Es ist aber auch möglich, nach dem Überschreiten der Schloßbrücke vom Afraberg aus über die Roten Stufen, über die Afrastufen und die Frauenstufen bzw. über den Kleinen Hohlweg und die Frauenstufen zur Stadt abzusteigen. Jeder dieser Stufenwege hat seinen besonderen Reiz.

DIE RACHE DES MARKGRAFEN

Im Kreuzgang des ehemaligen Augustiner-Chorherrenstiftes St. Afra – jetzt Gaststätte »Monasterium« – hatten wir eine ungewöhnliche Grabplatte gesehen. Was es damit auf sich hat, soll im Folgenden erzählt werden:

Im Jahre 1407 wurden auf Befehl Markgraf Friedrichs IV. des Streitbaren (1407-1428) auf dem Meißner Burghof die 4 Zwickauer Ratsherren Peter Mergenthal (Bürgermeister), Johannes Dythmar, Stephan Gulden und Johannes Gulden mit dem Schwert hingerichtet. Sein Vorgänger, Markgraf Wilhelm I. der Einäugige (1382-1407), hatte die Rechte des Zwickauer Stadtrates eingeschränkt und einen markgräflichen Vogt eingesetzt, der den Rat überwachte und zudem noch in seine eigene Tasche wirtschaftete. Kurz nach dem Tode Wilhelms I. (verstorben am 9. Febr. 1407) stellten die Zwickauer Ratsherren diesen Vogt Franziskus Steuchsing vor Gericht und ließen ihn schon am 14. Februar 1407 enthaupten. Markgraf Friedrich IV. beorderte daraufhin das gesamte Kollegium der Zwickauer Ratsherren auf seine Burg nach Meißen. Es erschienen aber nur die vier für die Hinrichtung Steuchsings verantwortlichen Ratsherren. Ihre Totenhemden hatten sie im Reisegepäck. Die Ratsherren wurden sofort nach ihrer Ankunft am 10. Juli 1407 auf die Burg geführt. Nachdem sich das mittlere Burgtor hinter ihnen geschlossen hatte, verlas der Kanzler des Markgrafen die Anklage, das Gericht sprach das Todesurteil, und die Scharfrichter walteten ihres Amtes. Seit der Ankunft der Unglücklichen war noch keine Stunde vergangen. Die sarglose Erdbestattung erfolgte im Kreuzgang des Augustiner-Chorherrenstifts St. Afra. Die Grabplatte stammt aus der Zeit um 1470, nachdem die Ratsherren rehabilitiert worden waren. Ein Mergenthal begleitete sogar den Herzog Albrecht 1476 auf der Pilgerfahrt ins heilige Land. – Die Grabplatte war seit 1776 verschollen und wurde erst 1983 bei der Verlegung eines Heizungskanals im ehemaligen Kreuzgang wieder aufgefunden und 1985 unweit der Fundstelle an der Wand des Kreuzgangs aufgestellt. Unter der Grabplatte fanden sich noch die vollständig erhaltenen Skelette der Hingerichteten. – Das Steinkreuz im ehemaligen Zwingergelände unmittelbar hinter dem mittleren Burgtor an der Außenwand der Gaststätte »Burgkeller« soll nach der Überlieferung an die Hinrichtungsstätte der Zwickauer Ratsherren erinnern.
Anmerkung:
Markgraf Friedrich IV. der Streitbare wurde 1423 als Friedrich I. erster Kurfürst von Sachsen. Beigesetzt wurde er 1428 in der Fürstenkapelle des Meißner Doms (s. S. 60).

Meißner Altstadt – Blick vom Roßmarkt in die Fleischergasse, rechts neben dem Frauenkirchturm auf der Höhe des Afraberges der Ostflügel des St.-Afra-Gymnasiums (früher »Fürstenschule«), im Vordergrund links die Filiale der Deutschen Bank (vor dem Umbau)

VOM KÄNDLERBRUNNEN ZUR PORZELLAN-MANUFAKTUR

Wer zuerst das Porzellan-Museum »Schauhalle« der Staatlichen Porzellan-Manufaktur (Talstraße 9) mit der Schauwerkstatt aufsuchen möchte, erreicht diese vom Kändlerbrunnen aus über Gerbergasse – Roßmarkt – Neugasse – Talstraße zu Fuß in 10 bis 15 Minuten.

Nikolaikirche

Auf dem Wege dorthin empfiehlt sich ein Besuch der romanischen **Nikolaikirche**, die schon von der Einmündung der Kerstingstraße in die Talstraße aus zu sehen ist. Die Nikolaikirche wurde von 1921 bis 1929 zur Gedenkstätte für die Gefallenen des 1. Weltkrieges umgestaltet. Zur Innenausstattung gehören seit dieser Zeit **die größten jemals hergestellten bis 2,10 m hohen Porzellanfiguren**, ausdrucksstarke Großplastiken trauernder und anklagender Frauen mit ihren Kindern (8 Großfiguren und weitere zwei Großfiguren am Altar); weiterhin 35 Hochrelief-Kinderfiguren; Tafeln mit den Namen der etwa 2 000 Gefallenen (bemerkenswert ist die Ausführung der Buchstaben als Hochrelief) sowie weitere Schmuckelemente (Verkleidung des romanischen Triumphbogens u.a.).

Nikolaikirche,
Figur aus Meissener Porzellan

Die Modellierung aller dieser Plastiken aus Meissener Porzellan übernahm der künstlerische Leiter der Staatlichen Porzellan-Manufaktur, Professor Emil Paul Börner.

Im **Stadtpark hinter der Nikolaikirche** befindet sich seit 1957 eine Stele aus rotem Meißner Granit mit der **Porträtbüste des in Meißen geborenen Begründers der Homöopathie, Dr. Samuel Friedrich Christian Hahnemann** (1755 - 1843). Es handelt sich hierbei wahrscheinlich um die bis 1945 in der Meißner Fürstenschule aufgestellte Büste, die noch zu Lebzeiten Hahnemanns in Paris modelliert worden ist.

Hahnemann-Denkmal im Stadtpark

Eine weitere Porträtbüste Hahnemanns befindet sich übrigens am Nachfolgebau seines Geburtshauses an der Ecke Hahnemannsplatz/Neumarkt im Brüstungsbereich des 1. Obergeschosses. Der Hahnemannsplatz erhielt 1855 seinen Namen.

Vor der Porzellan-Manufaktur angekommen, grüßt uns rechts aus einer kleinen Grünanlage von seinem Denkmal herunter der Porzellan-Erfinder Johann Friedrich Böttger (1682-1719). Die bronzene Porträtbüste steht auf einem neo-barocken Sockel aus rotem Meißner Granit. Das **Böttger-Denkmal** wurde 1891 von dem künstlerischen Leiter der Kgl. Porzellan-Manufaktur, Professor Emmerich Andresen, geschaffen und schließlich 1912 vor dem Hauptgebäude der Porzellan-Manufaktur aufgestellt.

In der dem Böttgerdenkmal schräg gegenüberliegenden **Schauhalle (Porzellan-Museum)** werden etwa 2 500 Exponate aus der etwa 20 000 Stücke umfassenden Modellsammlung der Porzellan-Manufaktur gezeigt, welche die Entwicklung des Meissener Porzellans in Form und Dekor von 1710 bis heute veranschaulichen. Jedes Jahr wird ein Teil der Exponate ausgewechselt. Die Schauhalle erbaute man in der Zeit zwischen 1913 und 1916. Stilgeschichtlich verbindet sich hier der Neo-Klassizismus mit Elementen des Jugendstils. Die Reliefs im Brüstungsbereich des ersten Obergeschosses zeigen Arbeitsgänge bei der Porzellanherstellung.

In der **Schauwerkstatt**, welche dem **Porzellan-Museum** angegliedert ist, kann der Besucher die Herstellung des Porzellans miterleben und die Handfertigkeit der »Porzelliner« bewundern. Gezeigt werden die Fertigungsstufen Drehen, Bossieren, Unterglasurmalerei und Aufglasurmalerei.

Das Porzellan-Museum »Schauhalle« der Staatlichen Porzellan-Manufaktur

Das Böttgerdenkmal

Die Domführungen beginnen in der **Fürstenkapelle**. Diese hat die Form eines zweijochigen Chores und ist mit einer Tonne eingewölbt. Die aufgelegten dekorativen Gewölberippen haben hier keine tragende Funktion mehr.
Architektonische Dominante ist das ehemalige **Westportal**, jetzt Durchgang von der Fürstenkapelle zum Langhaus des Domes. Im Bogenfeld Reliefs (unten: Geburt Christi und Anbetung durch die drei Könige; oben: Christus segnet die gekrönte Maria). Links bzw. rechts des Portalgewändes auf Postamenten und unter Baldachinen die Figuren der Domheiligen, des Evangelisten Johannes bzw. des Bischofs Donatus. Die wimpergartige Figurenreihung über dem Portalbogen stellt das Jüngste Gericht dar. Entlang der übrigen drei Wände auf Konsolen in Höhe der Fenstersohlbänke und unter Baldachinen 10 lebensgroße Figuren: Maria mit dem Kind und die Heiligen Drei Könige längs der Nordwand; die »Ritterheiligen« Victor und Mauritius beidseitig des Eingangs vom Domplatz; auf der Südseite folgen die vier Apostel Petrus, Jakobus der Jüngere, Paulus und Jakobus der Ältere. Sieben dieser Figuren sind aus Holz geschnitzt, Victor und Mauritius aus Terrakotta geformt und Petrus ist in Stein gehauen.
Künstlerisch am wertvollsten sind die Metallguß-Grabplatten im Stile der Spätgotik und der Renaissance aus der berühmten Nürnberger Vischer-Werkstatt. Bedeutendstes Grabmal ist die zentral aufgestellte Tumba für Friedrich den Streitbaren (gest. 1428), den ersten Kurfürsten von Sachsen. Die Tumba ist ein Bronzeguß aus der Zeit um 1455.

Von der Fürstenkapelle gelangt man durch ein Portal der Frührenaissance, das stilreinste und älteste in Sachsen, in die **Georgskapelle**. Auf dem Relief der Portalbekrönung wird die Beweinung Christi dargestellt (Dauher-Werkstatt Augsburg um 1521). Das Portal selbst könnte Christoph Walther I nach Vorlagen von Hans Dauher geschaffen haben. In der Kapelle im Fußboden die Grabplatten Herzog Georgs (gest. 1539) und seiner Gemahlin, der Herzogin Barbara (gest. 1534). An der Ostwand ein Triptychon, Teil eines ehemaligen Flügel-Altars; auf dem Mittelschrein die Signatur Lucas Cranachs d. Ä. und die Jahreszahl 1534; auf den Flügeln die Bildnisse Herzog Georgs (links) und der Herzogin Barbara (rechts), dargestellt als Anbetende.

Von der Fürstenkapelle aus betreten wir das **Mittelschiff des Langhauses** und nehmen zunächst auf den hinteren Bankreihen Platz. Die beiderseits angeordneten, zum Kreuzrippengewölbe nach oben strebenden Bündelpfeiler schaffen ein beeindruckendes Raumerlebnis: Obgleich die Distanz vom Fußboden bis

Fürstenkapelle

zum Gewölbescheitel nur 18 m beträgt, erscheint uns der Raum sehr viel höher – eine allein durch architektonische Gestaltung bewirkte Illusion, wie wir sie in diesem Ausmaße nur im Meißner Dom erleben können. Der Raum zwischen den Bündelpfeilern zentriert unseren Blick auf den Altar vor dem Lettner und auf den Hohen Chor mit seinen großen farbverglasten Fenstern. Die beiden Seitenschiffe, welche gleich hoch wie das Mittelschiff sind, weisen zwar den Dom als Hallenkirche aus, aber die Seitenschiffe sind trotzdem architektonisch dem Mittelschiff untergeordnet und stören nicht das zentrierende Raumerlebnis.

DIE GRABDENKMALE DER WETTINER IN DER FÜRSTENKAPELLE DES DOMS ZU MEISSEN

(Lageplan)

Eingang zur Fürstenkapelle

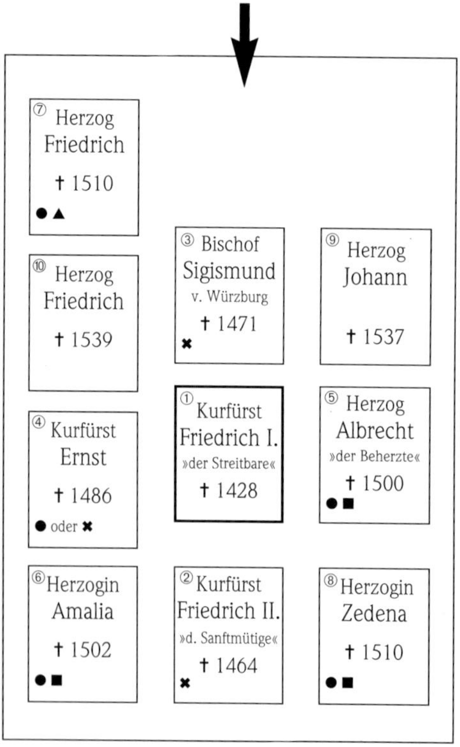

Westportal des Doms

Anmerkungen:

✖ Grabplatte vermutlich aus Werkstatt von Hermann Vischer d. Ä.

● Grabplatte vermutlich aus Werkstatt von Peter Vischer

■ Entwurf der Grabplatte vermutlich aus Kreis um A. Dürer

▲ Entwurf der Grabplatte vermutlich von Lucas Cranach

① Begründer des Kurfürstentums Sachsen

② Sohn von ①

③ Sohn von ①

④ Begründer der Ernestinischen Linie der Wettiner

⑤ Begründer der Albertinischen Linie der Wettiner

⑥ Tochter von ② ; Gemahlin Hz. Ludwigs IV. des Reichen v. Bayern-Landshut

⑦ Sohn von ⑤; Hochmeister des Deutschen Ordens

⑧ Gemahlin Hz. Albrechts d. Beherzten

⑨ Enkel von ⑤; ohne Regentschaft

⑩ Enkel von ⑤; ohne Regentschaft

DOM
Grundriß

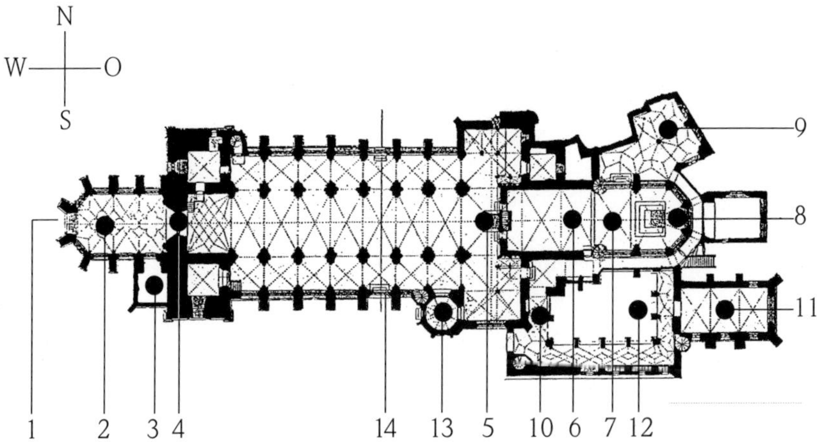

1 Eingang zur Fürstenkapelle (Beginn der Führungen)
2 Fürstenkapelle
3 Georgskapelle
4 Westportal
5 Kreuzaltar vor dem Lettner
6 Hoher Chor (Bereich mit dem Chorherrengestühl)
7 Hoher Chor (Bereich mit den Figuren der Patrone und Stifter des Doms)
8 Hoher Chor (Apsis mit Hochaltar)
9 Sakristei
10 Kreuzgang
11 Allerheiligenkapelle
12 Kreuzhof
13 Achteckbau
14 Südportal

Die Durchblicke zu und von den Seitenschiffen erschließen uns die Vielfalt der räumlichen Beziehungen.
Vielgestaltig sind auch die Verzierungen der Kapitelle und Schlußsteine.

An der Südwand des südlichen Seitenschiffes befindet sich das **Epitaph für den Dechanten Johannes Hennig von 1524 als ältestes sächsisches Renaissance-Epitaph**, geschaffen von Christoph Walther I.
An den Wänden der Seitenschiffe und des Querschiffes sind Grabplatten aufgestellt, die ursprünglich in den Fußboden des Doms eingelassen waren.
Wir begeben uns auf dem Mittelgang in Richtung Altar. Links am 2. nördlichen Mittelschiff-Pfeiler die **Kanzel** in den schlichten Formen der Spät-Renaissance. Sie wurde erst 1591, also nach der Reformierung des Bistums Meißen, angebracht. Vor dem Kreuzaltar, der sich als ehemaliger Laienaltar vor dem Lettner befindet, stehen ein **Lesepult** und ein **Taufbecken** auf Pultunterständern aus Eichenholz mit je vier Beinen, die ungefähr den menschlichen nachgebildet sind, jedoch in Pferdehufen, dem Sinnbild des Bösen, enden und mittels angedeuteter Nägel symbolisch am Fußboden festgenagelt sind. Diese Pultunterständer dürften Arbeiten des 12. Jahrhunderts sein und zur Einrichtung des romanischen Vorgängerbaus des Doms gehört haben.

Der **Kreuzaltar** vor dem Lettner von 1526 stammt aus der **Cranach-Werkstatt** in Wittenberg. Die leuchtenden Farben der Bemalung dieses Flügelaltars sind noch die ursprünglichen. Auf der Mitteltafel oben die Kreuzigung Christi, unten links Abrahams Opfer mit dem Stifterbildnis und rechts die Aufrichtung der Ehernen Schlange; auf den Seitenflügeln des geöffneten Altars je drei Bilder zur Legende der Auffindung des hl. Kreuzes. Die Predella zeigt im Mittelbild das Meßopfer, auf den Seitenfeldern die Errettung der Seelen aus dem Fegefeuer durch Engel.
Die **Altar-Garnitur** (Kruzifix und zwei Leuchter) ist aus **Meissener Porzellan** gefertigt und ein Duplikat der 1762 an den Vatikan gelieferten Garnitur.
Links im Nordflügel des Querschiffes befindet sich an der Wand die **älteste Grabplatte des Meißner Doms für Bischof Withego I.**, in dessen Amtszeit (1266-1293) die erste Hauptbauphase des Doms fällt.

Wir durchschreiten den Lettner, die Vorlesebühne, welche das Langhaus (Laienkirche) vom Hohen Chor (Kirche der Geistlichen) trennt, und befinden uns jetzt im ungewöhnlich langgestreckten dreigeteilten **Hohen Chor**, dem ältesten Bezirk des gotischen Doms. Die funktionell unterschiedlichen Bereiche des Hohen Chores heben sich durch ihre Architektur, z. B. durch die Gewölbeausbildung, deutlich voneinander ab:

Blick vom Mittelschiff auf Kreuzaltar und Lettner

Kreuzaltar

In dem fensterlosen und etwa quadratischen Bereich des Hohen Chores, der an den Lettner grenzt, befindet sich das **Chorherrengestühl**, eine schlichte Arbeit von 1529; dahinter an der Wand frühgotische Blendarkaden, deren Halbsäulen mit naturalistischen Blattkapitellen geschmückt sind, darüber Baldachine – abwechselnd eine Burg und eine Kirche darstellend. Hier fanden sich die Domherren zu ihren Gebeten zusammen.

Der mittlere quer-rechteckige Teil des Chores ist dem Gedenken an die Schutzheiligen und Stifter des Domes gewidmet. Die überlebensgroßen **Skulpturen aus der Werkstatt des Naumburger Meisters**, geschaffen um 1260, gehören zum künstlerisch Wertvollsten des Doms: Auf Konsolen in halber Raumhöhe stehen

Hoher Chor

an der Südwand die Schutzheiligen Bischof Donatus und der Evangelist Johannes, an der Nordwand die Stifter König Otto I. und seine Gemahlin Adelheid.
Während aber im Naumburger Dom die Skulpturen noch mit dem Baukörper verbunden sind, treten sie hier vor die Wand, sind aber immer noch auf die Architektur des Raumes bezogen. Man erkennt dies unter anderem daran, daß der vom Künstler angestrebte Gesichtsausdruck nur bei natürlicher Beleuchtung erscheint, während er bei der anders gerichteten künstlichen Beleuchtung verfälscht wird. Gegenüber den Stifterfiguren des Naumburger Doms ist hier die ausdrucksmäßige Stilisierung weitergetrieben worden. Das spätgotische Portal unterhalb der Stifterfiguren, das zur neuen Sakristei führt, wurde 1504 eingefügt.
Das Chor-Polygon mit den fünf großflächigen, farbverglasten Fenstern bildet den Abschluß des Hohen Chores nach Osten und ist Aufstellungsort des Hochaltars. Die Verglasung des Mittelfensters mit den auffallend leuchtkräftigen Glasmalereien gehört noch original der ersten Bauphase des Doms um 1260/70 an, die anderen vier Fenster wurden im 19. Jahrhundert neu verglast. Der **Hochaltar** gehört der Zeit um 1500 an und ist wahrscheinlich eine niederländische Arbeit: In andachtsvoller Malerei wird die Anbetung des Kindes durch

die drei Könige auf dem Mittelbild dargestellt, flankiert von je zwei Aposteln auf den Flügelbildern des geöffneten Altars. An der Nordwand neben dem Altar ein reichverziertes spätgotisches **Sakramentshaus** (um 1480; 9 m hoch). Vor dem Altar wurden Markgraf Wilhelm I. der Einäugige (gest. 1407) und seine Gemahlin Elisabeth (gest. 1410) als erste Wettiner im Dom zu Meißen beigesetzt. Die Edelmetalleinlagen der Grabplatten wurden 1645 von den Schweden geraubt. Wilhelm I. förderte den Dombau und gilt als Vollender des Doms zu Meißen. Daraus erklärt sich der sonst für weltliche Fürsten nicht übliche bevorzugte Begräbnisplatz vor dem Hochaltar.

Vom Chor aus gelangen wir in den unmittelbar anschließenden **Kreuzgang**, der an die Zeit erinnert, als die Domherren noch in klösterlicher Gemeinschaft lebten. An zwei Jochen des Kreuzgang-Nordflügels haben sich die ursprünglichen Kreuzrippengewölbe mit den blattornament-verzierten Schlußsteinen erhalten. Die anderen Abschnitte des Kreuzganges wurden nach 1470 durch Arnold von Westfalen, dem Erbauer der Albrechtsburg, unter Verwendung von Zellen-Gewölben erneuert.

Besucher-Attraktion im Kreuzgang ist eine mittelgroße Bronze-Glocke, die zum Abschluß jeder Führung zum Klingen gebracht wird.

Vom Kreuzgang betreten wir die **Allerheiligenkapelle**, 1296 als Kapitelsaal fertiggestellt. Es handelt sich um einen aus drei quer-rechteckigen Jochen gebildeten schlichten, aber wirkungsvollen Raum. Sein bauplastischer Schmuck besteht aus geometrisch-nüchternen Maßwerkformen in den Fenstern; die kräftig profilierten Gewölberippen entspringen skulpturierten Konsolsteinen (Eckkonsolen mit hockenden männlichen Gestalten; mittlere Konsolen mit den Symbolen der vier Evangelisten: Engel, Stier, Adler und Löwe).

Diese Kapelle ist heute als Dom-Lapidarium eingerichtet: Hier sind die Originale der gegen Kopien ausgetauschten Skulpturen und Formsteine, aber auch Grabplatten aufgestellt.

Durch den Südflügel des Kreuzganges verlassen wir den Dom. Rechts vor uns bemerken wir im Winkel zwischen Querhaus und Langhaus einen **Achteckbau**, der unten eine durch Gittertüren verschlossene Portalvorhalle und oben eine Torkapelle umschließt. Durch die figurengeschmückte Portalvorhalle gelangt man in Höhe des ersten Langhausjoches in den Dom.

Links vom Achteckbau befindet sich das **Südportal** mit hängendem Maßwerk und steilem Wimperg.

RUNDGANG DURCH DIE ALBRECHTSBURG

Bevor wir die Albrechtsburg betreten, betrachten wir am **Großen Wendelstein** die **Renaissance-Relieftafeln** in den Brüstungsfeldern der Umgänge.

Brüstungsfelder des 1. Obergeschosses (von Christoph Walther I; 1520 - 1525; Früh-Renaissance): Episoden aus der antiken Mythologie und aus dem Alten Testament zum Thema »Exempla von geistlichen und weltlichen Geschichten, wie Wein und Weiber die Weisen bethöret«: Simson mit dem Löwen; Bathseba und David; Judith mit dem Kopf des Holofernes; Potiphars Weib nimmt Joseph den Mantel ab; Kleopatra mit den Schlangen, Venus und Amor; Diana und Aktäon; Urteil des Paris. Die dargestellten Personen präsentieren sich in der Kleidermode um 1525.

Brüstungsfelder des 2. Obergeschosses (von Christoph Walther): Wappenschilde der wettinischen Herrschaften.

Brüstungsfelder des 3. Obergeschosses (Meister unbekannt; 1484; Spätgotik). Themenkreis: »Eine Darstellung der Versuchung durch die Sinnlichkeit und durch grobe Scherze und der Hohn auf die durch diese Geschädigten.«

BEMERKENSWERTE RÄUME DES 1. OBERGESCHOSSES

Großer Saal (Kirchsaal)

Er beeindruckt allein schon durch seine architektonische Gestaltung: Aus den Diensten der Bündelpfeiler wachsen in dynamischem Schwung die scharf gekehlten Sandsteinrippen heraus und verbinden sich zu einem Netzgewölbe, dessen Felder gefaltet sind und dadurch zellenartige Strukturen ergeben, die durch ihr Licht-Schatten-Spiel den Raum mit Leben erfüllen. Diese Dynamik wird noch gesteigert durch an verschiedenen Baugliedern schräg angebrachte Kanneluren (Auskehlungen). Bemerkenswert ist die Formenvielfalt, z.B. die unterschiedliche Gliederung der einzelnen Pfeiler. **Eine Besonderheit in der Albrechtsburg ist die Überschneidung der Kehlkanten im Scheitelpunkt der Spitzbögen.**
Die **Sitzbankreihen aus Sandstein** in den Fensternischen weisen darauf hin, daß es sich hier um einen Wartebereich, eine Empfangshalle, handelt. Die wie ein Lettner wirkende Trennwand zum großen Bankettsaal ist als **Musiker-Empore** (»Trompeterstuhl«) ausgeführt.

ALBRECHTSBURG
Grundriß 1. Obergeschoß

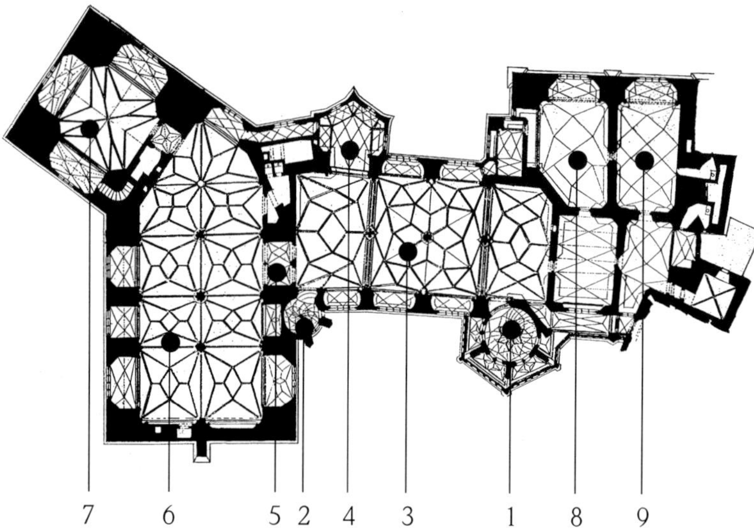

1 Großer Wendelstein
2 Kleiner Wendelstein
3 Großer Saal
4 Kapelle
5 Trompeterstuhl
6 Große Hofstube
7 Kleiner Bankettsaal
8 1. Kurfürstenzimmer
9 2. Kurfürstenzimmer

Ausgestaltung der Wände mit **Gemälden von Anton Dietrich** (1823 - 1904; Dresdner Kunstakademie; Schüler von Ludwig Richter), welche Szenen aus der älteren sächsischen Geschichte darstellen: Gründung der Burg Meißen durch König Heinrich I. 929; Verteidigung der Burg Meißen gegen die anstürmenden Polen 1015; Einzug des Markgrafen Konrad in Meißen 1127.
Die an den Großen Saal anschließende **Kapelle** ist Johannes dem Täufer geweiht. Dargestellt sind Bischof Benno von Meißen (1066 - 1106), Kaiser Otto I. (936 - 973) sowie Apostel.

Großer Saal (historische Aufnahme)

Große Hofstube (Großer Bankettsaal)

Größter (500 qm), festlichster und prunkvollster Raum des Schlosses; **Festsaal**; auch heute wieder für festliche Veranstaltungen genutzt.
Gewölbekonstruktion ähnlich der des Großen Saals. Die Gewölbe setzen sich jedoch als Gratgewölbe bis in die Fensternischen fort, wodurch der Raum noch größer erscheint. Die Musiker-Empore öffnet sich hier mit schlichten Renaissance-Fenstern nach dem Saal.
Wandgemälde behandeln die Jugend der Erbauer der Burg, Ernst und Albrecht:

Drei **Wandgemälde von Ernst Erwin Oehme** (1831 - 1907) mit der Darstellung des Prinzenraubes 1455.
Zwei **Wandgemälde von Alfred Diethe** (1836 - 1919): Belehnung der beiden Prinzen Ernst und Albrecht 1464; der jugendliche Albrecht als Turnierkämpfer.
Weiterhin sieben **Holzplastiken** von Franz Schneider 1879 (nach Gipsoriginalen von Breymann, Henze und Echtermeyer u. a.), welche König Heinrich I. sowie wettinische Markgrafen und Kurfürsten darstellen.

Kleiner Bankettsaal (historische Aufnahme)

Kleine Hof- oder Tafelstube (Kleiner Bankettsaal)

Konzipiert als Raum für intime Familienfeiern. Wegen seiner Lichtfülle wurde er in der Manufakturzeit als Zeichensaal der Zeichenschule genutzt.
Die **Wandgemälde** beziehen sich auf Herzog Albrecht. Sie wurden geschaffen von **Heinrich Hoffmann** (1824 - 1911): Verlobung Albrechts mit Zedena 1459 (größtes Bild im Raum);
Friedrich Preller (1838 - 1921): Darstellung von Orten, welche im Leben Herzog Albrechts eine große Rolle spielten (Geburtsort Schloß Grimma; Vermäh-

lung im Schloß Eger; Lieblingsaufenthalt Schloß Tharandt; die Große Kirche zu Emden als Begräbnisstätte seines Herzens).
Möbel von 1878; nach alten Mustern gefertigt (Geschenk an König Albert und Königin Carola anläßlich ihrer Silberhochzeit).

1. und 2. Kurfürstenzimmer

Neun **Wandgemälde von Julius Scholtz** (1825 - 1893), welche trotz vieler Kritik zu den gelungensten Gemälden in der Albrechtsburg gehören. Sie behandeln die Leistungen Herzog Albrechts als Heerführer. Ein Bild erinnert an seine Pilgerfahrt nach Jerusalem 1476.

BEMERKENSWERTE RÄUME DES 2. OBERGESCHOSSES

Hier befanden sich Wohn- und Verwaltungsräume, darunter zwei Gerichtssäle. Die Gewölbe unterscheiden sich von denen des 1. Obergeschosses dadurch, daß die mit Ziegelsteinen aufgemauerten Zellengewölbe nicht durch Sandsteinrippen gegliedert sind, wodurch die scharfen und spitzwinkelig aneinanderstoßenden Grate der Gewölbezellen in ihrer Formenvielfalt besonders zur Geltung kommen. Eine Ausnahme bildet der Wappensaal mit seinem Schlingrippengewölbe.

Böttger-Zimmer

Dieser neobarock-illusionistisch ausgestattete Raum ist der Erfindung des europäischen Hartporzellans durch Friedrich Böttger (1682 - 1719) und Ehrenfried Walter v. Tschirnhaus (1651 - 1708) gewidmet.
Zwei **Wandgemälde von Paul Kießling** (1836 - 1919): Böttger bei der Arbeit im Labor; Böttger führt August dem Starken die Erfindung des Porzellans vor.

Ausstellungsstücke: Böttgersteinzeug = »Jaspisporzellan« und weißes Porzellan zur Dokumentation der zwei Etappen der Porzellanerfindung.

Kleiner Gerichtssaal (Kleine Appellationsstube)

Eingerichtet im Stil der italienischen Renaissance. Der Majolika-Ofen wurde im 19. Jahrhundert von Fleischmann in Nürnberg nach einem süddeutschen Origi-

ALBRECHTSBURG
Grundriß 2. Obergeschoß

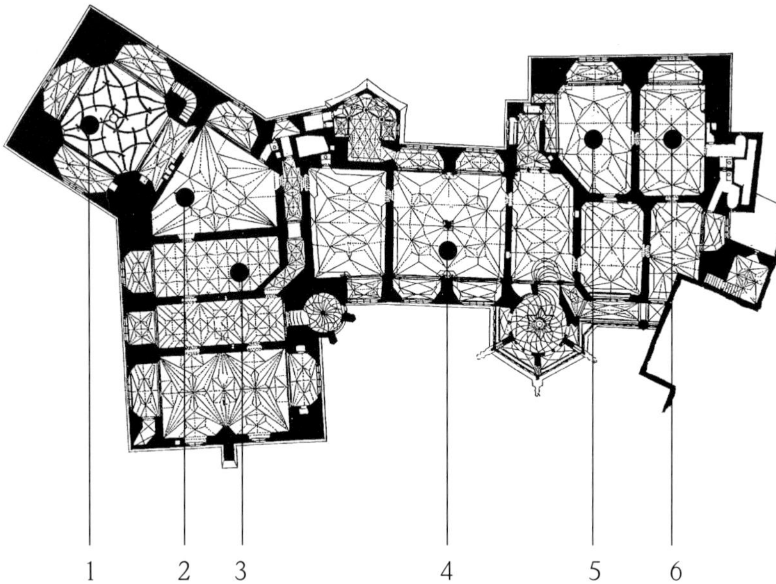

1 Wappensaal
2 Kurfürst-August-Zimmer
3 Frauengemach
4 Großer Gerichtssaal
5 Kleiner Gerichtssaal
6 Böttgerzimmer

Böttger bei der Arbeit im Labor

nal des 16. Jahrhunderts hergestellt. Fußboden, Kronleuchter und Möbel sind Nachbildungen des 19. Jahrhunderts nach Renaissance-Originalen. Lediglich die Füllungen der Türen dieses Raumes gehören dem 16. Jahrhundert an.

August Spieß (1841 - 1923) schuf die **Wandgemälde**, welche bemerkenswerte Ereignisse der Reformationszeit darstellen: Universität Leipzig 1547 wegen Pest und Krieg nach Meißen verlegt; Eröffnung der fürstlichen Landesschule St. Afra 1543 durch Herzog Moritz.

Großer Gerichtssaal (Große Appellationsstube)

Durch die Ausmalung (Vorbild: Gerichtslaube des Lüneburger Rathauses) wird die architektonische Wirkung der Decken-Einwölbung (breite, scharfgratige Gewölbekappen) verdeckt. In die Malerei einbezogen sind die Wappen von Meißen, Thüringen, Sachsen-Wittenberg sowie der Kurschild.
Ofen: Kopie eines gotischen Originals von 1475.
Die **Wandgemälde von James Marschall** (1838 - 1902) erinnern an den Kurfürsten Moritz von Sachsen (1541 - 1553): Moritz auf einer Theologenversammlung zwecks Beratung über das Augsburger Interim 1548; Tod des Kurfürsten nach der Schlacht bei Sievershausen 1553.

Frauengemach

Unterkunft der Bediensteten der Herzogin Zedena, der Gemahlin Herzog Albrechts des Beherzten.
Das Zimmer ist ausgestaltet mit den Bildnissen der Gemahlinnen der Wettiner von Margarethe (Mutter Herzog Albrechts) bis zu Carola Wasa (Gemahlin des zur Zeit der Burgrestaurierung herrschenden sächsischen Königs Albert).

Kurfürst-August-Zimmer

Besonders **kunstvolles Sterngewölbe. Größtes Wandgemälde** in der Albrechtsburg von **Leonhard Gey** (1838 - 1894) zu Ehren des Kurfürsten August (1553 - 1586) und der Kurfürstin Anna. Der Künstler hat sich ganz links im Bild (Mann mit Barett) selbst dargestellt. Kurfürst und Kurfürstin präsentieren sich hier dem Volk als Landwirt bzw. als Heilkundige. Der Inhalt des Bildes entspricht den historischen Tatsachen: Kurfürst August förderte die Landwirtschaft. Auf seine Anregung hin wurde eines der ersten landwirtschaftlichen Lehrbücher verfaßt, selbst schrieb er ein Gartenbuch. Die Kurfürstin Anna wirkte erfolgreich für die Gesundheitsfürsorge.

Der Wappensaal

Erst 1520/24 ausgebaut. Unterscheidet sich mit seinem **Schlingrippengewölbe** nach dem Vorbild des Wladislaw-Saales im Hradschin zu Prag von den Einwölbungen aller anderen Räume der Albrechtsburg. Die Kragsteine, auf denen die Gewölberippen ruhen, sind als Wappen-Weibchen ausgebildet (Renaissance-Arbeiten des Bildhauers Christoph Walther I). Wappen: Landsberger Pfähle, Thüringer Löwe, Meißner Löwe; sächs. Rautenwappen.

Die von **Theodor Choulant** geschaffene Ausmalung des Raumes mit Wandbildern und Wappen konnte nicht erhalten werden, und man stellte wieder die mittelalterliche Farbfassung her.

DER SILBERBERGBAU IN SACHSEN UND DIE ALBRECHTSBURG

Die Albrechtsburg wurde über den sächsischen Silberbergbau finanziert.
Die Markgrafen von Meißen gehörten durch den Silberbergbau schon seit 1168 zu den reichsten Fürsten im deutschen Raum. Mit den großen Silberfunden am Schneeberg im Erzgebirge 1470/71 erreichte der sächsischen Silberbergbau seinen zweiten Höhepunkt. Die größte Silberausbeute erzielte man im Jahre 1477 mit 77 352 Mark Silber.

In diese Zeit fällt die Hauptbauphase der Albrechtsburg (1471-1483). Die Finanzierung erfolgte mit Schneeberger Silber.

Folgende Begebenheit, die Petrus Albinus 1590 in seiner Meißnischen Bergchronik festgehalten hat, illustriert den Reichtum der sächsischen Herrscher: Herzog Albrecht (1464-1500), nach dem später die Albrechtsburg benannt wurde, fuhr 1477 in die Grube St. Georg am Schneeberg ein und speiste dort mit der Hofgesellschaft an einem tischgroßen Block aus anstehendem gediegenem Silber der Abmessungen 1 Lachter x 2 Lachter. Aus diesem Block wurden danach 400 Zentner Silber gewonnen (Lachter: Längenmaß im Bergbau; in Sachsen entspricht 1 Lachter etwa 2 m).
In der Nähe von Meißen wurde von 1225 bis 1899 im Scharfenberger Revier Silberbergbau betrieben. Bergbauversuche in unmittelbarer Nähe von Meißen, z.B. bei der Nikolai-Kirche (Nikolai-Erbstollen), führten nicht zum Erfolg.

Wer die Weinberge sowie die lohnendsten Aussichtspunkte bei Meißen kennenlernen möchte, dem seien die folgenden zwei Spaziergänge empfohlen.

Zur »Bennokanzel«

Vom rechtselbischen Brückenkopf ❶ steigen wir die Stufen zum Elbufer hinunter und folgen dem Dammweg stromabwärts. Diesen Weg benutzten vor Einführung der Dampfschiffahrt und der Kettenschiffahrt die Schiffszieher (Bomätschen) als Treidelpfad. Vorbei am Winterhafen, über den Fürstengraben und dann den Uferweg stromabwärts bis zur noch im Bau befindlichen Ausflugsgast-

Blick von der »Bennokanzel« auf Meißen

stätte »Knorre« (bis hierher ca. 30 Minuten). Der Weg zur »Knorre« führt ab dem Fürstengraben an den Weinberg-Terrassen des »Katzensprungs« vorüber. Vom Parkplatz an der »Knorre« gelangen wir in 5 Minuten über einen steil ansteigenden Waldpfad zum Aussichtsfelsen »Bennokanzel«.

Das Panorama ist beeindruckend: Unter uns die Elbe mit dem Winterhafen, gegenüber die Albrechtsburg, welche uns ihre wehrhafte Seite zukehrt. Die Ansicht der Albrechtsburg von hier aus kann auch im Mittelalter nicht anders gewesen sein. Weiter nach links überblicken wir die rechtselbischen Stadtteile mit ihrer Industrie sowie den Crassoberg, den Ratsweinberg und das Spaargebirge.

Die »Bennokanzel« erinnert an den Meißner Bischof Benno, der von 1066 bis 1106 im Amt war und durch viele Legenden im Volk lebendig geblieben ist. 1523 wurde er auf Betreiben des Herzogs Georg heiliggesprochen. Im Verlaufe der Reformation sollen die Gebeine des hl. Benno von Meißen nach München gebracht worden sein. Noch heute ist er Schutzpatron Münchens (s. S. 23).

Von der Bennokanzel benutzen wir den auf der Höhe etwa in Richtung Süden verlaufenden Pfad, der an den »Katzenstufen« mündet, und folgen von dort aus dem Weg nach links durch die Weinberge hinauf zum Ortseingang Proschwitz. Dort angekommen, befinden wir uns auf der Höhe des Bocksberges (170 m über NN), wo bis 1945 eine Windmühle stand. Der Ausblick von hier ist noch umfassender als von der Bennokanzel. Bei klarem Wetter sind die Tafelberge der Sächsischen Schweiz zu sehen. In Proschwitz befindet sich ein Barockschloß (erbaut 1707; umgebaut und erweitert 1867 und 1910), heute ein Heim für körperlich und geistig behinderte Kinder. Zurück zu den »Katzenstufen« und diese hinunter bis zur Straße. Von dort nach rechts sind es nur wenige Schritte bis zur Brücke über den Fürstengraben. Von hier aus folgen wir wieder dem Dammweg zurück zur Stadt. Für diesen Spaziergang sollten wir uns zwei Stunden Zeit nehmen.

Durchs Spaargebirge

Unser Spaziergang beginnt an den »Weinstuben Spaar«, Dresdner Str. 77; zu erreichen mit dem Stadtbus. Hier beginnt ein mit einem waagerechten blauen Streifen gekennzeichneter Wanderweg, dem wir bis zur Boselspitze folgen. Gegenüber der Bushaltestelle beginnt die Alte Spaargasse, der wir vorbei an alten Winzerhäusern folgen. Diese mündet an der Weingaststätte »Bauernhäusel«

in die Oberspaarer Straße ein. Schräg gegenüber der Gaststätte ein altes weinumranktes Winzerhaus (Nr. 19); über der Haustür der Spruch »Ewig der Glauben an den Segen der Trauben«. Bei den stark schwankenden Erträgen von Jahr zu Jahr haben die Meißner Winzer diese Zuversicht nötig.

Unterhalb des »Bauernhäusel« biegen wir links in den Rodelandweg ein und sind schon inmitten der Weinberge. Zur Linken der Kegel des Kronberges. An der Lückenhübelstraße angekommen, biegen wir nach links in diese ein. Nach etwa 100 Metern rechts am Hang das Wohnhaus eines der ältesten Weingüter im Spaargebirge. Die Tafel über der Eingangstür berichtet, daß sich der Meißner Bürgermeister J. Z. Finsinger hier mit Genehmigung des Kurfürsten Johann Georg II. nach Rodung des Geländes 1661 einen Weinberg anlegte und ihm darauf 1666 die Erbgerichtsbarkeit verliehen wurde. Um diese Zeit gab der Kurfürst das gesamte Spaargebirge für den Weinanbau frei.

Blick von der »Juchhöh« auf Meißen

Weiter geht es bergan – vor uns die mit Reben bestandenen Dorfberge – bis zum Ende der Lückenhübelstraße und dann nach rechts auf dem Rautenbergweg durch den Wald zur Karlshöhe (191 m über NN) mit ihrem elbwärts gelegenen Aussichtspunkt, der »Juchhöh«. Von hier bietet sich ein Ausblick über die Weinberge an den Westhängen des Spaargebirges: vor uns der Klausensteinberg, dahinter weitere Weinberge, im Hintergrund die Türme des Meißner Doms. Jenseits der Elbe bewaldete Hänge und Täler, das Landschaftsschutzgebiet »Linkselbische Täler«. Linkselbisch auf Meißen zu auch das Schloß Siebeneichen, um 1554 erbaut, 1748 erweitert. Nach Süden zu inmitten der Weinberge eines der ehemaligen Weingüter mit dem charakteristischen steilen Walmdach.
Von der Karlshöhe folgen wir dem Fahrweg bergab und biegen hinter dem »Haus Rautenberg« nach rechts in den Boselweg ein, dem wir bis zum Aussichtspunkt »Boselspitze« folgen. Auf halbem Wege sind rechts die zwei Kastanien nicht zu übersehen, welche die Einfahrt zum ehemaligen Adelsweingut »Alte Deutsche Bosel« flankieren. Im Winzerhaus mit dem steilen Walmdach weist ein Renaissance-Portal auf die Zeit der Erbauung um 1600 hin.
Der Fahrweg endet an einem Gebäudekomplex mit Aussichtsturm. Von hier folgen wir dem Fußweg, der eine bronzezeitliche Wallanlage durchschneidet und danach auf wollsackartig verwittertem Granit hart am elbseitigen Abhang entlang zum Aussichtspunkt Boselspitze (182,6 m über NN), dem schönsten des Spaargebirges, führt. Eintragungen auf einer Tafel aus poliertem Meißner Granit erläutern uns das beeindruckende Panorama: Vor uns die Elbtalweitung mit den Dörfern Sörnewitz und Brockwitz. Im Hintergrund erkennt man schon mit bloßem Auge historische Gebäude der Dresdner Altstadt. Bei klarem Wetter sind über den Elbtalkessel von Dresden hinweg die Tafelberge des Elbsandsteingebirges zu sehen. Unmittelbar an der Aussicht befindet sich seit 1908 der »Pflanzengarten Boselspitze«, heute Außenstelle des Botanischen Gartens Dresden, als Refugium für trockenheits- und wärmeliebende Pflanzengesellschaften, die für das Spaargebirge typisch sind. Die Charakterbäume des Spaargebirges sind Stiel- und Traubeneiche sowie die Hainbuche.

Von den »Weinstuben Spaar« bis hierher benötigen wir etwa 1,5 Stunden.

Als kürzester Rückweg wäre der Boselweg zu empfehlen. Die Bushaltestelle »Boselweg« haben wir in ca. 30 Minuten erreicht und können von dort zum Bahnhof zurückfahren.
Für passionierte Wanderer ist jedoch der Abstieg über den Kapitelholzsteig zu empfehlen, der hinter dem Aussichtsturm nach links vom Boselweg abzweigt.

Blick von der Boselspitze in Richtung Dresden

Entlang der Weinbergsmauer und vorbei am ehemaligen Hagenschen Weingut führt der Steig durch den Wald steil bergab. Unten angelangt, bemerken wir rechts am Weg einen stattlichen Fachwerkbau, eines der ältesten Weingüter (17. Jahrhundert) im Spaargebirge (Kapitelholzsteig Nr. 1).
Wir überqueren die Autostraße Meißen–Dresden und wandern auf dem ehemaligen Treidelpfad entlang der Elbe stromabwärts nach den »Weinstuben Spaar« zurück. Rechts am Hang begleiten uns die Weinberge des Spaargebirges.

Im Spaargebirge ist der Weinbau heimisch. Der klimatisch begünstigte Elbtalbereich zwischen Pillnitz und Diesbar-Seußlitz ist eines der nördlichst gelegenen Weinbaugebiete Europas. Die Weinberge nehmen heute wieder eine Fläche von etwa 300 Hektar ein und werden hauptsächlich von Freizeitwinzern in schwerer Handarbeit bewirtschaftet.
Gebietstypisch für die warmen und nährstoffreichen Granitverwitterungsböden um Meißen, so auch im Spaargebirge, sind vor allem Riesling, Traminer, Rulän-

der, Weißburgunder und Müller-Thurgau; auch Bacchus und Kerner haben in den letzten Jahren Eingang hier gefunden.
Die Erträge sind infolge der klimatischen Randlage in Qualität und vor allem hinsichtlich der Menge extremen Schwankungen unterworfen, wie man sie von den ausgesprochenen Weinbaugebieten her nicht kennt.
Der Weinanbau ist mit der christlichen Kultur in das Elbtal gekommen. Die erste urkundliche Nachricht datiert von 1161.

ADRIAN LUDWIG RICHTER

***Adrian Ludwig Richter** (1803-1884), Maler der Romantik und von 1828 bis 1835 Zeichenlehrer an der Kgl. Porzellan-Manufaktur Meißen, beschrieb 1878 in seiner Autobiographie »Lebenserinnerungen eines deutschen Malers« seine erste Begegnung mit Meißen und seinen landschaftlichen Schönheiten wie folgt:*

»Fünf Stunden von Dresden liegt in dem fruchtbaren Elbtal das alte, malerische Meißen. Zur linken Seite des Flusses zieht sich ein steil abfallender, grün umbuschter Höhenzug bis zur Stadt Meißen, auf dessen Höhen, anderthalb Stunden vorher, die sehr alte Burg Scharfenberg, näher das freundliche Schloß Siebeneichen thronen; zur Rechten aber ist die Elbe von den weinreichen Spaarbergen eingerahmt. Wenn man nun damals auf der Poststraße um eine Ecke des Spaargebirges bog, wurde man gar anmutig von dem Anblick Meißens überrascht, welches in halbstündiger Entfernung sich höchst malerisch erhob. Die Albrechtsburg mit dem herrlichen Dom, der Bischofsturm an der Ecke des Berges, der St. Afraberg mit der Klosterkirche und der Fürstenschule senken sich zur Stadt und in das Triebischtal hinab, und das ganze schöne Bild spiegelt sich samt der Brücke in der Elbe.«

Der heutige Besucher Meißens kann diese von Ludwig Richter beschriebene Stimmung noch erleben, wenn er sich mit dem Elbdampfer der Stadt von Dresden aus nähert. Besonders beeindruckt das Spaargebirge mit dem nach Süden weisenden Steilabfall der Boselspitze und seinen Weinbergen.

Die Geschichte Meißens in Stichworten

929 Der deutsche König Heinrich I. (919 - 936) legt auf dem Burgberg ein befestigtes Militärlager an, aus dem sich die Reichsburg Meißen entwickelt.

968 Kaiser Otto I. der Große (936 - 973) stiftet das Bistum Meißen (aufgelöst 1581).

983 Erwähnung eines Elbhafens in der Nähe der Burg Meißen.

um 1000 Der Rast- und Handelsplatz am Fuße des Burgberges auf dem Gelände des heutigen Theaterplatzes entwickelt sich zur frühstädtischen Marktsiedlung.

1068 Erster reichsunmittelbarer Burggraf vom Kaiser in der Mark Meißen eingesetzt.

um 1150 Anlage der Stadt um den Markt durch deutsche Kolonisten.

1161 Erste urkundliche Erwähnung des Weinbaus bei Meißen.

1205 Erste urkundliche Erwähnung des Marktes und des Vorgängerbaus der Frauenkirche am Markt; Augustinerchorherrenstift St. Afra gegründet.

1256 Die Stadt wird als von einer Stadtmauer umgeben bezeichnet.

1285 An einer Urkunde erscheint erstmals ein Meißner Stadtsiegel mit dem ältesten Stadtwappen. Es weist den Markgrafen und den Burggrafen als Stadtherren aus.

1291 Meißner Elbbrücke erstmals urkundlich belegt.

1316 Erstmals wird ein eigener Rat (ein Bürgermeister und elf Ratsleute) erwähnt.

1423 Der Kurfürst verkauft die Hochgerichtsbarkeit an die Stadt.

1446 Die Hochgerichtsbarkeit über den Teil der Stadt, der bis dahin dem Burggrafen unterstand, kommt pfandweise an die Stadt, wird aber erst 1662 dem Kurfürsten abgekauft.

1560 - 1620 Die Wohnhäuser der Stadt werden nach modernen Gesichtspunkten (Steinbau, Brandmauern, Ziegeleindeckung) fast vollständig erneuert. In dieser Zeit friedlicher Entwicklung entstehen die schönen Bürger- und Handwerkerhäuser der Renaissance, die noch heute das Stadtbild prägen.

1539 Einführung der Reformation durch Herzog Heinrich den Frommen (1539 - 1541) im albertinischen Sachsen und damit auch in Meißen.

1543 Gründung der fürstlichen Landesschule St. Afra (Fürstenschule) durch Herzog Moritz.

1545/47 Städtisches Kaufhaus, insbesondere als »Gewandhaus« für die Tuchmacher, auf dem »Jahrmarkt« neu errichtet. Vorgängerbauten: 1287, 1329, 1442.

1637 Eroberung und Brandschatzung der Stadt durch die Schweden (6. Juni). Schwärzester Tag in der Geschichte Meißens. Ein großer Teil der Stadt wird zerstört. Der generelle Wiederaufbau beginnt erst ab 1662. Die Armut der Stadt spiegelt sich in den Neubauten wider.

1645 Die Schweden erobern Burg und Stadt.

1710 Einrichtung der ersten Porzellan-Manufaktur Europas in den Räumen der Albrechtsburg.

1826/37 Abbruch aller mittelalterlichen Stadttore.

1834 Die Industrialisierung in Meißen setzt ein: Fortepianofabrik Thürmer, Eisengießerei Jacobi, Zuckersiederei Langelütje.

1841 In Meißen Gründung der ersten freiwilligen Feuerwehr Deutschlands.

1851 Eröffnung eines Stadttheaters im Gewandhaus.

1857 Der Töpfermeister Carl Teichert nimmt die Herstellung der von H. Melzer erfundenen Meißner Schamotte-Ofenkachel auf, die sich schließlich weltweit durchsetzt. Damit beginnt die Entwicklung der Meißner Ofen- und Wandplattenindustrie.

1860 Eröffnung der Eisenbahnstrecke Coswig – Meißen. Damit Anschluß der Stadt an das Eisenbahnnetz.

1868 Die Eisenbahnstrecke Meißen – Döbeln – Borsdorf – Leipzig wird eröffnet.

1901 Die Landgemeinde Cölln kommt zu Meißen. Meißen erhält damit auf rechtselbischem Gebiet große Freiflächen, die es für seine wirtschaftliche Entwicklung dringend benötigt.

1925/30 Wohnbausiedlung Meißen-Bohnitzsch errichtet.

1928 Bahnhofsneubau eingeweiht (Baubeginn 1912).

1933/34 Neubau der Straßenbrücke über die Elbe.

1945 Sprengung der Elbbrücken.

1951 Gründung und Bau der Ingenieurschule für Kraft- und Arbeitsmaschinen »Rudolf Diesel«. Geschlossen 1993.

1953 Gründung der Hochschule für Landwirtschaftliche Produktionsgenossenschaften und Unterbringung in den Räumlichkeiten der ehem. Fürstenschule. Geschlossen 1991.

ab 1954 Errichtung von Neubauvierteln im Triebischtal, in Meißen – Cölln, auf der Plossenhöhe, in der Nassau und in Meißen–Bohnitzsch (noch im Bau).

1955/79 Errichtung des Sportzentrums in Meißen – Niederfähre, Goethestraße.

1955/57 Abschluß der baulichen Umgestaltung des Stadttheaters.

1990 Die planmäßige und umfassende Sanierung der Meißner Altstadt beginnt.

1992 Am 17. Juli Beschluß des Sächs. Landtages über die Gründung der Fachhochschule der Sächsischen Verwaltung Meißen. Interimsmäßige Unterbringung in den Gebäuden der ehem. Fürstenschule.

Am 20. August feierliche Eröffnung des St.-Afra-Gymnasiums in den Räumlichkeiten der ehemaligen Fürstenschule.

WIE DIE SANIERUNG DER MEISSNER ALTSTADT BEGANN

Bis 1989 verfiel die Meißner Altstadt zunehmend. Denkmalpflegerische Instandsetzungsarbeiten konzentrierten sich aus finanziellen Gründen auf Einzelobjekte, wo allerdings trotz schlechtester materieller Voraussetzungen durch persönlichen Einsatz Beachtliches geleistet wurde.

Schon vor der politischen Wende gingen engagierte Meißner Bürger in die Offensive, um dem generellen Verfall der Meißner Altstadt entgegenzutwirken: Unter der Schirmherrschaft von Superintendent Eduard Berger wurde im ***Mai 1989*** *in der Frauenkirche zum Thema »Kehrseiten« eine* ***kritische Fotoausstellung zum katastrophalen baulichen Zustand der Meißner Altstadt eröffnet****. Um diese Zeit waren 52,7 % der Bauten zu 25...50 % verschlissen (Bauzustandsstufe III) und 14,7 % nahezu abbruchreif (Stufe IV). Die Fotoausstellung fand bei der Bevölkerung ungeteilte Zustimmung, die Kommunalpolitiker hüllten sich auf einen Wink von »Oben« in Schweigen.*
Um ein Zeichen zu setzen, schlossen sich Bürger zur ***»Treppenbau-AGmbH«*** *zusammen und begannen am* ***1. September 1989 mit der Instandsetzung der völlig verfallenen Superintendentur-Stufen****, deren erster Abschnitt im November 1989 fertiggestellt wurde.*

Am ***28. Dezember 1989*** *erfolgte im Rathaus die* ***Gründung des Kuratoriums »Rettet Meißen – jetzt«****. Ziel ist die Beschaffung von Geld durch Mitgliedsbeiträge (Jahresbeitrag jetzt 60.- DM) und durch Spenden für die Sanierung Meißens. Von 1989 bis Dezember 1992 wurden etwa 1 Mio DM für die Erhaltung, Pflege und Wiederherstellung von historisch, wissenschaftlich und künstlerisch wertvollen Baudenkmalen eingenommen und ausgegeben. Für 1993 sind Ausgaben von 300 000 DM geplant.*

Aus ***Fördermitteln*** *erhielt Meißen von 1990 bis Ende 1992 75 Mio DM für die Altstadtsanierung, die allerdings teilweise auch für die Instandsetzung von Albrechtsburg und Dom verwendet wurden. Das Gebiet der Altstadt umfaßt 34 ha. Von den etwa 800 Häusern sind etwa 400 als Baudenkmale ausgewiesen. – Für 1993 stehen für die Altstadtsanierung 20 Mio DM zur Verfügung.*

IMPRESSIONEN AUS MEISSEN

Die Meißner Fummel

Die Fummel ist eine Meißner Kuriosität, die nur in der Konditorei Zieger hergestellt wird (Näheres dazu siehe Seite 30).
Neuerdings werden in die Fummeln auf Wunsch auch kleine Teller oder Figuren aus Meissener Porzellan eingebacken.

Konditormeister Zieger präsentiert uns seine Fummeln.

Die Schloßstufen

Vom Café Zieger aus führt der kürzeste Aufstieg zum Burgberg über die Schloßstufen (111 Stufen).

Wir sehen vor uns die Schloßbrücke (unteres Bild) und von halber Höhe aus (oberes Bild) das mittlere Burgtor.

Diesen Blick auf die **Frauenkirche** haben wir vom »Bahrmannschen Brauhaus«. Von hier aus ist die stilgeschichtliche Besonderheit dieser Kirche besonders eindrucksvoll erlebbar (Überdachung der Seitenschiffe mit einer Reihung von Zwerchhäusern).

Blick durch das Tuchmachertor zum »Bahrmannschen Brauhaus«.

Blick vom Markt in die Elbstraße, links Rathaus mit Ratskeller, weiter auf der linken Seite die Rabener Passage.

Das Bennohaus

Im geschichtsträchtigen Bennohaus am Markt 9 (siehe Seite 21/22) werden seit kurzem betrieben: Cafeteria »Bennoterrassen«, Weinkeller, Souvenir-Laden.

Rabener Passage

Der Gebäudekomplex mit Gastronomie, Textilgeschäften u. a. erstreckt sich längs des Postgäßchens von der Elbstraße bis zur Lorenzgasse. Kern ist Rabeners Haus Elbstraße Nr. 4, welches nach dem Stadtbrand von 1637 wiederaufgebaut wurde und in seiner äußeren Form seit dieser Zeit nur wenig verändert worden ist. Der Keller wird heute als Weinkeller genutzt. Die Passage ist ein Musterbeispiel für denkmalgerechte und modernen Anforderungen entsprechende Altstadtsanierung.

Burgstraße Nr. 6, ein nach 1760 erbautes Haus, vereint nach der kürzlich abgeschlossenen Sanierung um den glasüberdachten Innenhof das Café »Antik«, einen Antiquitätenladen, ein Geschäft mit erzgebirgischer Volkskunst und ein Schuhgeschäft.
Im Vorderhaus befindet sich das Fachgeschäft der Staatlichen Porzellan-Manufaktur.

Älteste Zinngießerei Sachsens (zu Seite 29)
Burgstraße Nr. 27

Neben einem breiten Warensortiment bietet der traditionsverbundene Handwerksbetrieb Führungen durch die Werkstatt und ein kleines Zinn-Museum.

»Arkaden«

Auch in der Burgstraße macht die Stadtsanierung Fortschritte. Ein Beispiel dafür sind die »Arkaden«, Burgstraße 24, erbaut um 1749. Seit kurzem befinden sich hier eine Gaststätte mit Pension sowie Geschäfte. Zur Gaststätte gehört ein Garten.

»Domherrenhof«, Freiheit 10

Hier befanden sich einst zwei Domherrenhöfe. Von der älteren Bebauung hat sich ein Stadtverteidigungsturm aus gotischer Zeit erhalten. 1883 stellte man auf diesem Gelände das Gebäude der bis 1990 bestehenden landwirtschaftlichen Schule fertig. 1994 wurde die Sanierung des Gebäudes abgeschlossen. Genutzt wird das Gebäude jetzt als Tagungszentrum und Gaststätte. Auch die Sitzungen des Kreistages finden hier statt. Eine Aussichtsterrasse lädt zum Verweilen ein.

Monogrammstein

am Seelensteig (zu Seite 52)

Domherrenhöfe auf der Freiheit
(zu Seite 51)

Pfarrhaus St. Afra (r.) mit Renaissance-Erker (s.u. Detail). Links daran anschließend der ehem. Domherrenhof Freiheit 6.
Beide Domherrenhöfe gehen auf das 14./15. Jahrhundert zurück, sind jedoch mehrfach umgebaut worden, insbesondere zur Zeit der Renaissance.

Meißner Dachlandschaft (Blick von der Schloßbrücke).

Samuel Christian Friedrich Hahnemann,
Begründer der Homöopathie (zu Seite 56/57)

Hahnemann wurde am 10. April 1755 als Sohn eines Porzellanmalers in Meißen geboren. Er starb am 2. Juli 1843 in Paris. Sein 1864 abgebranntes Geburtshaus stand an der Ecke Neumarkt/Hahnemannplatz. Anläßlich seines 100. Geburtstages brachte man dort 1855 die hier abgebildete Porträt-Büste nebst einer Gedenktafel an. Büste und Gedenktafel wurden 1864 in den Nachfolgebau (Neumarkt 59) übernommen. Hahnemann besuchte vom 29. November 1770 bis 24. April 1775 die Fürstliche Landesschule in Meißen. Darauf gegen den Willen seines Vaters Medizinstudium in Leipzig, das er durch Übersetzung med. Fachliteratur aus dem Englischen finanzierte. Auslandsaufenthalt. 1779 Promotion in Erlangen. Von 1779 bis 1816 Tätigkeit in Deutschland als praktischer Arzt sowie als Übersetzer med. Fachliteratur; weiterhin chem.-pharmazeutische Forschungen. 1810 »Organon der rationellen Heilkunde« veröffentlicht, worin er sein neues Heilverfahren begründete und zusammenfaßte. 1811 - 1820 erschien sein Werk »Neue Arzneimittellehre« (6 Bände). 1816-1822 Dozent an der Universität in Leipzig. 1821 amtliches Verbot, daß in den Apotheken seine neuen Heilmittel hergestellt wurden. Ging daraufhin auf Einladung des Herzogs Ferdinand v. Anhalt-Köthen nach Köthen. Wurde dort Hofrat. 1833 Übersiedlung mit seiner zweiten Frau, einer Französin, nach Paris, wo er ein neues Tätigkeitsfeld fand.

PRAKTISCHE HINWEISE

Tourist-Information Meißen

An der Frauenkirche 3	Tel. (allgemein)	0 35 21/45 44 70
	Tel. (Zimmervermittlung)	0 35 21/45 20 43
	Fax (allgemein)	0 35 21/45 82 40
	Fax (Zimmervermittlung)	0 35 21/45 81 23
Öffnungszeiten:	Mo - Fr	10.00 - 18.00 Uhr
	Sa, So, gesetzl. Feiertage	10.00 - 14.00 Uhr
Service:	Zimmervermittlung, Stadtführungen, Programmangebote für Gruppen, Verkauf von Publikationen und Souvenirs	

Öffnungszeiten der Museen und Kirchen

Staatliche Porzellan-Manufaktur Meissen
Talstraße 9 — Tel. 0 35 21/46 80

Schauhalle (Porzellan-Museum):
Mo - So (ganzjährig) — 9.00 - 17.00 Uhr (letzter Einlaß 16.30 Uhr)
Freitag nach Pfingsten ab 12.00 Uhr geschlossen

Schauwerkstatt (Vorführung der Herstellung des Porzellans):
Mo - So (ganzjährig) — 9.00 - 12.00 Uhr; 13.00 - 16.15 Uhr

Die jeweils letzten Führungen beginnen 12.00 Uhr und 16.15 Uhr.

Beides geschlossen am 24., 25., 26., 31.12.; 1.1.

Im Winterhalbjahr sind kurzfristige Schließungen wegen Renovierungsarbeiten möglich.

Albrechtsburg, Domplatz 1 — Tel. 0 35 21/4 70 70
März - November — Mo - So 10.00 - 18.00 Uhr (letzter Einlaß 17.30 Uhr)
Dezember - Februar — Mo - So 10.00 - 17.00 Uhr (letzter Einlaß 16.30 Uhr)

Im Januar geschlossen.

Dom, Domplatz 2 — Tel. 0 35 21/45 24 90
April - Oktober — Mo - So 9.00 - 18.00 Uhr
November - März — Mo - So 9.00 - 16.00 Uhr

Am 25.12. geschlossen.

Frauenkirche, Am Markt — Tel. 0 35 21/45 38 32
Mai - Oktober — Mo - So 10.00 - 12.00 Uhr; 13.00 - 16.00 Uhr

Turmbesteigung nach Vereinbarung (außer bei Schnee und Eis);
Schlüssel im Pfarramt gegenüber erhältlich.

Nikolaikirche im Stadtpark — Tel. 0 35 21/45 38 32
Mai - September — Di, Mi, Do, So. 14.00 - 16.00 Uhr

In den übrigen Monaten geschlossen.

Weitere Telefon-Nummern

Stadttheater Meißen,	Tel. 0 35 21/45 27 33
Theaterplatz 15	Tel. 0 35 21/45 28 78
Schiffsfahrten mit dem historischen Seitenraddampfer »Krippen«	Tel. 0 35 21/45 47 10
Schiffsfahrten mit der Sächsischen Dampschiffahrts-Gesellschaft	Tel. 03 51/4 96 92 03
CB-Anrufkanal (einschl. Notruf)	9 FM

Ausflugsmöglichkeiten in die nähere Umgebung

Moritzburg, Barockschloß	
Schloßverwaltung	Tel. 03 52 07/4 39
Fremdenverkehrsamt	Tel. 03 52 07/3 56
	Tel. 03 52 07/85 40 (ab Sept. 1995)
Mai - Oktober	Mo - So 10.00 - 17.00 Uhr
November u. März	Di - So 10.00 - 16.00 Uhr
Dezember	Di - So 10.00 - 15.00 Uhr
April	Di - So 10.00 - 17.00 Uhr

Januar geschlossen; Februar (Auskunft einholen); Ostermontag geöffnet.

Klosterpark Altzella (bei Nossen)	Tel. 03 52 42/6 87 00
April - Oktober	Di - Fr 9.00 - 17.00 Uhr
	Sa, So, gesetzl. Feiertage 9.00 - 18.00 Uhr
Karl-May-Museum Radebeul	Tel. 03 51/8 30 27 23
Di - So (ganzjährig)	9.00 - 18.00 Uhr (letzter Einlaß 17.30 Uhr)

An Feiertagen auch Mo geöffnet (außer Weihnachten, Neujahr).

Weinbaumuseum Hoflößnitz Radebeul	Tel. 03 51/8 30 13 22
Di - Fr, So (ganzjährig)	14.00 - 17.00 Uhr, Sa (ganzjährig) 10.00 - 17.00 Uhr

Elbweindörfer Diesbar-Seußlitz
(Naherholungsgebiet, Schiffsanlegestelle)

Gemeindeverwaltung (Fremdenverkehr)	Tel. 03 52 67/2 25

STICHWORTVERZEICHNIS

STADTPLAN

AUF LASCHENINNENSEITEN

Bildnachweis

Alle Fotos, Plan Seite 60, Stadtplan: Dr. Günter Naumann

Reproduktionen

Seite 56: Ansichtskarte Nr. 1294, Verlag Reinhard Rothe Meißen
Seite 61: »Saxonia« Bd. 2, 1834
Seite 63: »Neue Sächsische Kirchengalerie«, S. 1215, Leipzig 1902
Seiten 64, 65, 67: Ansichtskarten Nr. 580, 586, 588, Verlag Reinhard Rothe Meißen
Seiten 70, 74: Wilhelm Rossmann, »Die künstlerische Ausschmückung der Albrechtsburg zu Meißen«, Dresden 1878
Seiten 71, 72, 75: Ansichtskarten, Verlag Rudolph Schroeter, Meißen